로푸드 다이어트 레시피 103
로푸드 디톡스

Prologue

로푸드로
내 몸을 깨끗하게 바꾸다

여자에게 다이어트는 평생의 숙제예요. '나 내일부터 다이어트 시작해'라는 말을 입에 달고 살고, 새로운 다이어트 방법이 언론에 나오면 누구나 한 번쯤 귀를 기울이게 되죠.

저 역시 봄만 되면 다이어트 의지를 불태웠어요. 그러나 결혼과 함께 시작한 미국 생활에서 식습관이 무너져 내리면서 갑자기 체중이 증가하고 몸 여기저기에서 비상 신호가 들렸어요. 운동을 시작했지만 기름진 식생활은 그대로 유지하다 보니 몸은 여전히 무겁고 무기력했죠. 내 몸을 근본적으로 변화시킬 방법이 필요했어요.

그래서 식습관 개선을 위한 방법을 본격적으로 찾기 시작했습니다. 고칼로리 음식의 천국인 미국은 아이러니하게 건강법의 천국이기도 해서 수많은 정보가 넘쳐났어요. 하지만 공격적인 체중 감량 대신 장기적인 계획과 체질 개선을 목표로 삼고 정보를 수집했어요.

그러던 중 '로푸드'를 만나게 됐어요. 무엇보다 다양하고 먹음직스러운 로푸드가 시선을 끌었답니다. '바로 이거야'라고 생각하고 아침식사부터 그린 스무디로 바꿨어요. 한 끼만 바꿨을 뿐인데도 디톡스 효과로 몸속에 쌓인 노폐물이 빠지면서 몸이 가벼워지고 배변이 쉬워진 것을 느꼈어요. 식단에서 조금씩 로푸드 식단을 늘리고, 메뉴를 다양하게 시도했어요. 스트레스 받지 않고 마음껏 먹어도 몸이 저절로 바뀐다는 게 느껴졌고, 어느새 체중도 점차 자리를 잡아갔죠.

피부는 생기를 되찾았고, 일상에는 활기가 넘쳤죠. 처음부터 100% 로푸드 식단을 실천하지는 않았지만 몸의 변화로 매 끼 샐러드나 생채를 곁들이는 식습관이 자리 잡았어요. 더 이상 폭식이나 단 음식에서 위안을 얻지도 않았죠. 어쩌다 정크푸드의 유혹에 빠져 식이가 틀어지더라도 몸이 먼저 반응해 다음 날 자연스럽게 주스나 스무디로 아침을 시작해 몸을 가볍게 하고 매 끼마다 로푸드를 즐기는 착한 관성의 법칙을 따르게 되었어요.

로푸드 디톡스를 시작하고 생긴 가장 큰 변화는 건강한 식습관을 찾고 내 몸에 귀를 기울이기 시작했다는 거예요.

다이어트는 장기적인 생활습관의 개선이지 일시적인 인내력 테스트가 아니에요. 식단을 과일과 채소 위주로 바꾸면 몸에서 먼저 반응하고 내 몸에 쌓인 독소를 배출해 자연스럽게 다이어트로 이어질 수 있어요. 면역력이 높아지고 체질이 개선되기 때문에 요요현상도 신경 쓸 필요가 없죠. 무리하게 내 몸을 혹사시키지 않고 이전보다 나를 조금 더 사랑하는 법을 배우게 된 셈이에요.

하지만 로푸드가 대중적으로 알려진 미국과 달리 아직 한국에서는 로푸드 조리도구나 재료가 익숙하지 않죠. 아무리 비싸고 좋은 재료라도 우리 땅에서 난 우리 먹거리만큼 좋은 것은 없어요. 최고의 로푸드 요리는 간단하면서도 누구나 손쉽게 해먹을 수 있는 요리라고 생각해요. 실제로 우리 식탁에는 다양한 로푸드가 있어요. 겉절이, 생채같이 제철 채소들로 만든 음식들이 식탁에 다양하게 올라오죠. 그래서 최대한 우리 주변에서 쉽게 구할 수 있는 먹거리를 만드는 레시피들을 이 책에 실었어요. 모두 친숙한 로푸드 요리를 즐기며 건강을 지킬 수 있기를 바랍니다.

Contents

Part 1
로푸드 베이직

- 012 로푸드 디톡스란?
- 014 로푸드가 다이어트에 좋은 이유
- 016 로푸드 디톡스 어떻게 할까?
- 020 몸속을 바로잡는 로푸드 디톡스 프로그램
- 022 로푸드에 자주 쓰는 재료와 고르는 요령
- 026 로푸드 요리를 풍성하게 만드는 양념과 향신료
- 030 재료 손질과 신선하게 보관하는 요령
- 034 로푸드 요리에 필요한 조리도구

- 004 프롤로그
- 204 로푸드, 이것이 궁금해요
- 206 쉽게 따라 할 수 있는 4주 로푸드 식단
- 208 인덱스

Part 2
주스 & 스무디

- 038 **Basic** 맛과 영양을 살리는 주스 & 스무디 노하우
- 040 그린 주스 & 스무디

  그린 에너지 주스 • 바이오 토닉 • 수분 가득 주스 • 청포도 펀치 • 그린 벨벳 스무디 • 트로피컬 그린 스무디 • 브로콜리 키위 셰이크 • 그린 하모니 스무디

- 042 레드 주스 & 스무디

  민트 수박 쿨러 • 붉은 햇살 주스 • 핫핑크 주스 • 항산화 주스 • 골든 메달리스트 • 토마토 파프리카 스무디 • 루비 스무디 • 레드 펀치 스무디

- 044 옐로 주스 & 스무디

  당근 사과 주스 • 비타민 버블 주스 • 오렌지 당근 주스 • 파인애플 셀러리 주스 • 트로피컬 탱고 스무디 • 복숭아 스무디 • 로맨틱 홍시 셰이크 • 피나콜라다

- 046 퍼플 주스 & 스무디

  미나리 포도 주스 • 시트러스 퍼플 주스 • 와일드 베리 주스 • 포도 가지 사워 • 크리미 블루베리 스무디 • 퍼플 메들리 스무디 • 힐링 퍼플 스무디 • 포도 채소 스무디

- 048 아몬드 밀크
- 050 홍시 마 요구르트
- 052 스파이시 하와이안 스무디 • 현미 아침햇살
- 054 청키 라즈베리 스무디 • 애플파이 스무디
- 056 **Plus recipe**

  주스 펄프를 활용한 건강 레시피

Part 3

수프 & 브런치

- 060 **Basic** 음식의 질감과 농도를 조절하는 방법
- 062 그린 에너지 수프
- 064 오이 사과 가스파초 • 토마토 가스파초
- 066 버섯 크림수프
- 068 단호박 수프 • 비트 수프
- 070 초코 치아씨 푸딩
- 072 사과 시나몬 오트밀
- 074 씨앗 에너지 바
- 076 그래놀라
- 078 오렌지 스콘
- 080 아몬드 소스 그린 랩
- 082 양파빵 샌드위치
- 084 **Plus recipe**
  다양하게 쓰이는 홈메이드 소스

Part 4

샐러드

- 090 **Basic** 칼로리는 낮추고 영양은 높이는 샐러드 노하우
- 092 그리스풍 믹스 샐러드
- 094 오리엔탈 케일 샐러드
- 096 당근 드레싱 양상추 샐러드
- 098 말린 과일 자몽 샐러드
- 100 스파이시 메밀 샐러드
- 102 사과 비트 샐러드
- 104 버섯불고기 샐러드
- 106 쌈장 드레싱 숙주 샐러드
- 108 들깨초 우엉 샐러드 • 팽이버섯 샐러드
- 110 리코타치즈 샐러드
- 112 시저 샐러드
- 114 참깨 소스 브로콜리 샐러드
- 116 후무스 찹 샐러드
- 118 콘 샐러드 • 콜슬로
- 120 **Plus recipe**
  알아두면 편리한 드레싱

*이 책에 나오는 계량단위는 1컵=200mL, 1큰술=15mL, 1작은술=5mL 기준입니다.

Part 5
메인 요리

126 **Basic** 로푸드 면 뽑기 & 밥 짓기

128 토마토 스파게티
130 버섯 크림 페투치네
132 삼색 라자냐
134 오이 쫄면
136 골동면
138 냉잡채
140 고구마 아몬드 국수
142 매콤 냉면 · 검은깨 콩국수
144 새송이버섯 덮밥
146 카레 볶음밥
148 깻잎 견과 쌈밥
150 참치 맛 김밥
152 옛날식 간장밥과 무생채
154 다시마 무밥 말이
156 우엉밥과 느타리버섯 고추장무침
158 BBQ 소스 수제 버거
160 깐풍 미트볼
162 삼색 미니 피자

164 **Plus recipe**
일품요리에 곁들이면 좋은 절임 반찬

Part 6
디저트

168 **Basic** 로푸드 디저트의 기본기 다지기

170 브라우니
172 미니 초코무스 케이크
174 레이어 블루베리 치즈케이크
176 고구마 피칸 파이
178 프루트 볼
180 딸기 샌드 쿠키
182 레몬 사브레
184 초코 크런치
186 과일 크레이프
188 건조 칩 삼총사
190 아마씨 크래커
192 매콤 검은깨 스틱
194 김 크래커
196 옥수수 나초
198 바닐라 아이스크림과 초코 볼
190 과일 셔벗

192 **Plus recipe**
브런치로, 간식으로, 건조 빵 베이킹

Part 1 로푸드 베이직

가열하거나 가공하지 않고 자연에 가까운 상태 그대로 즐기는 생채식 요리인 로푸드는 몸의 독소를 제거하는 디톡스와 다이어트 효과가 뛰어나요. 신개념 웰빙 음식 로푸드에 대해 살펴보고, 디톡스 방법과 효과적으로 맛있게 즐길 수 있는 기본 조리 요령을 알아봅시다. 그대로 따라 하면 건강한 몸과 날씬한 몸매를 만들 수 있어요.

로푸드 디톡스란?

외국에서 웰빙 음식으로 각광 받는 로푸드는 미란다 커, 귀네스 팰트로, 메건 폭스 등 이름만 들어도 쟁쟁한 할리우드 스타들의 다이어트 비법이기도 하답니다. 체중 조절과 건강한 몸 만들기 두 가지 모두에 좋은 로푸드로 건강과 다이어트 두 마리 토끼를 잡아보세요.

아무리 몸에 좋은 재료라도 익히는 과정에서 영양소와 효소가 변질될 수 있다. 특히 소화·대사에서 중요한 효소는 46℃ 이상에서 조리하면 파괴되기 쉽다.

로푸드(raw food)는 가열하거나 가공하지 않고 자연 상태에 가깝게 만든 생채식 요리다. 채소, 과일, 곡식, 씨앗, 견과와 같이 순수한 재료를 갈고 섞고 말려서 먹는 것으로, 화학첨가물을 넣거나 가공한 음식은 먹지 않는 것이 원칙이다. 로푸드 디톡스는 생채식으로 생명활동의 원천인 효소를 효과적으로 섭취해 우리 몸을 살이 빠지기 쉬운 체질로 바꾸고, 신진대사를 원활하게 하고 본래의 영양소를 그대로 섭취해 몸속 균형을 찾아주는 신개념 건강법이다.

배불리 먹으면서 살 빼는 다이어트

다이어트를 결심한 많은 사람들이 원푸드 다이어트나 무리한 저칼로리 식단에 도전한다. 하지만 지나친 식이제한은 기초대사를 촉진하는 비타민과 미네랄, 칼로리 소비에 필요한 근육을 만드는 단백질의 부족을 불러온다. 게다가 몸이 스스로를 배고픈 상태로 느껴 오히려 지방을 쌓기 때문에 무조건 적게 먹는 것은 옳지 못한 다이어트 방법이다.

흔히들 많이 먹을수록 포만감이 느껴지고 살이 찐다고 생각하지만, 포만감은 먹는 양이 아니라 식품이 가진 영양 가치에 따라 결정된다. 과자 한 봉지를 다 먹고 나서 무언가 먹을 것을 계속해서 찾는 이유도 대다수의 가공식품이 칼로리는 높지만 영양가는 적어 많이 먹어도 뇌에서 포만감을 느끼지 못하기 때문이다.

로푸드 다이어트의 가장 큰 장점은 이런 칼로리 계산에서 자유롭다는 것이다. 밥을 먹을 때 칼로리를 일일이 확인하거나 배고플 때 음식을 참을 필요도 없다. 신선한 채소와 과일, 통곡물 등을 기본으로 한 로푸드는 몸을 가볍게 하면서도 영양을 충분히 제공해 조금만 먹어도 포만감이 들고 오히려 넘치는 에너지와 활력을 느낄 수 있다.

상상을 뛰어넘는 먹음직스러운 요리들

맛없고 단조로운 식단은 입맛을 떨어뜨려 쉽게 포기하게 만든다. 디톡스와 다이어트를 위해서는 보기에 먹음직스럽고 맛도 좋은 음식으로 식단을 구성해야 한다. 처음 며칠간은 먹고 싶은 음식을 참으며 견딜 수도 있겠지만, 한 번 무너지면 폭식과 요요로 이어져 식이조절에 실패할 수 있기 때문이다.

생채식이라고 해서 무조건 녹색채소와 과일만 먹어야 한다는 생각은 편견이다. 로푸드는 자연 그대로의 순수한 재료를 갈거나 뭉치거나 말리는 등 다양한 방법으로 조리하는 새로운 요리다. 고기, 유제품, 밀가루를 쓰지 않아도 면요리부터 김밥, 피자, 버거, 치즈케이크나 브라우니 같은 디저트까지 일반 음식을 대체할 수 있는 상상을 뛰어 넘는 레시피가 가득하다. 로푸드 디톡스는 재료 고유의 맛과 향, 질감을 더 잘 느낄 수 있는 음식으로 지루할 틈이 없는 맛있는 디톡스다.

쉽고 간단하게 만들어 먹는 재미까지

요리라고 하면 뭔가 거창하고 어려워 보이기 마련이다. 게다가 바쁜 일상 속에서 식이요법을 위해 일부러 시간을 내 음식을 만들어야 한다면 시작도 하기 전에 걱정부터 앞서게 된다. 하지만 로푸드 요리는 불을 쓰지 않고 대부분 썰고 갈고 섞는 등의 간단한 과정만 거치기 때문에 비교적 쉽고 빠르게 완성할 수 있다.

특히 일반 요리에서는 계량과 조리 시간, 익히는 정도 등을 알아서 맞춰야 하지만, 재료를 자연 상태 그대로 살리는 로푸드 요리는 만드는 중간중간에 언제든지 맛을 보며 레시피를 조절할 수 있다. 또한 취향대로 조리 방법을 바꾸거나 재료를 더하기도 쉬워 요리에 자신이 없고 서툴더라도 조금만 해보면 금방 재미를 붙일 수 있다.

로푸드가 다이어트에 좋은 이유

온갖 다이어트 식단에서 채소와 과일은 빠지지 않지요. 하지만 그중에서도 로푸드 다이어트가 특별한 이유는 자연에서 얻은 신선한 재료를 그대로 먹기 때문에 영양소 파괴는 거의 없고 자연의 효소와 기운을 고스란히 얻을 수 있다는 거예요. 로푸드 다이어트로 몸속에서 일어나는 즐거운 변화를 느껴보세요.

날씬하고 매끈한 몸매를 만드는 효소의 힘

현대인은 일상생활에서 인스턴트식품, 고칼로리·고지방 식품에 쉽게 노출된다. 이런 음식은 칼로리가 높은 반면, 각종 효소, 비타민, 미네랄, 식이섬유 등은 절대적으로 부족하다. 그중에서도 특히 효소는 인체 대사활동의 촉매제 역할을 하는 세포 속의 단백질 결합체로 소화, 흡수, 노폐물 배출, 해독, 살균작용 등 모든 신진대사를 유지하기 위해 없어서는 안 되는 물질이다.

보통 효소는 몸속에서 저절로 생성되지만 나이가 들면서 체내의 효소 생성은 점차 줄기 시작한다. 효소는 크게 소화를 돕는 '소화효소'와 체내 기능을 정상적으로 유지시키는 '대사효소'로 나뉜다. 두 효소는 밀접한 관계가 있는데, 과식을 하거나 익히는 과정에서 효소가 파괴된 음식을 먹으면, 이를 소화하기 위해 소화효소가 과도하게 사용돼 대사효소가 부족해진다. 이로 인해 신진대사에 문제가 생기면서 살찌기 쉬운 체질이 되고 몸속 노폐물을 효과적으로 배출하기 어려워진다.

로푸드 다이어트의 열쇠는 바로 이 효소에 있다. 효소는 41℃ 이상의 온도에서 활동이 둔해지다 46℃ 이상에서 파괴되기 때문에 결국 열을 가한 화식을 즐겨 먹으면 효소 없는 식사를 하는 셈이다. 효소가 풍부한 신선한 과일과 채소, 싹을 틔운 곡식과 씨앗을 먹으면, 소화효소의 낭비를 막고 대사효소를 잘 회전시켜 몸의 균형을 맞추고 신진대사의 효율을 높여 살이 빠지기 쉬운 체질로 바뀌게 된다.

노폐물을 배출해 깨끗한 장을 유지시키는 식이섬유

노폐물 배출은 다이어트의 중요한 요소 중 하나이다. 장은 전신에 영양분을 보내고 불필요한 것을 배출하는 역할을 하는데, 이곳에 노폐물이나 변이 쌓이면 불필요한 영양이나 지방을 흡수해 피하지방과 내장지방이 늘어나는 원인이 된다.

로푸드 식단에 맞게 음식을 먹으면 자연스레 채소와 과일, 통곡물 속에 들어 있는 풍부한 식이섬유를 다량 섭취하게 된다. 이는 장 속 유산균과 변의 부피를 늘려 변비 증상을 개선하고, 장의 움직임을 활발하게 해 각종 노폐물을 원활하게 배출함으로써 뛰어난 디톡스 효과를 가져다 준다. 또한 식이섬유가 풍부한 음식은 포만감을 느끼게 해 과식을 막기 때문에 다이어트에 매우 효과적이다.

나트륨을 배출해 슬림한 다리를 만들어주는 칼륨

장류와 국물요리를 많이 먹는 한국인은 그만큼 나트륨 섭취량이 많을 수밖에 없다. 나트륨을 많이 섭취하면 식욕자극 호르몬의 분비는 활발해지고 식욕억제 호르몬의 분비는 줄어들게 된다. 또한 나트륨은 중독성이 강해 많이 먹을수록 더 짠맛을 찾게 된다. 지나치게 짜게 먹으면 우리 몸은 체내 나트륨 비율을 일정하게 유지하기 위해 수분을 끌어 모으는데, 이 때문에 부종이 생긴다.

채소와 과일에 풍부한 칼륨은 나트륨을 몸 밖으로 배출하는 역할을 해 부기를 뺀다. 비타민 A·B·C와 철분 등의 영양소도 풍부해 혈액순환이 잘 되도록 도와 부종을 해결해준다.

이너뷰티까지 생각한 비타민과 미네랄, 피토케미컬

효소와 함께 조리 과정에서 쉽게 파괴되는 대표적인 영양소는 비타민이다. 로푸드는 항산화 작용이 있는 비타민이 풍부해 스트레스를 완화하고 피부미용에 좋다. 또한 대부분의 현대인은 수분을 충분히 섭취하지 못해 만성적, 잠재적 탈수증상을 보이는데, 채소와 과일을 생것 그대로 먹는 로푸드는 익힌 음식에 비해 수분이 많아 신장 기능을 좋게 하고 피부 탄력에도 도움을 준다.

피토케미컬은 주로 채소와 과일의 색에 들어 있는 성분으로, 식물이 미생물이나 해충 등의 외부 자극에 대항할 수 있도록 생성된 방어 물질이다. 강력한 항산화 기능이 있어 체내 면역력을 높이고 노화방지에도 탁월한 효과가 있어 제7의 영양소로 주목 받는다. 다양한 색의 채소와 과일을 먹을 수 있는 로푸드 식이를 하면 에너지와 호르몬의 균형을 맞추고 피부건강까지 챙길 수 있다.

로푸드 디톡스 어떻게 할까?

로푸드 디톡스를 한다고 100% 로푸드만 먹을 필요는 없어요. 하루 한 끼나 두 끼를 꾸준히 로푸드로 대신하기만 해도 효과가 있답니다. 평소 식단에서 고기와 유제품, 가공식품을 하나씩 빼고, 채소와 과일의 양을 조금씩 늘리며 시작해보세요. 아침에 채소나 과일 주스, 스무디 한 잔을 마시는 것만으로도 몸이 가벼워지고 배변이 쉬워지는 등 변화를 느낄 수 있어요.

로푸드 디톡스 시 기억해야 할 5가지 수칙

1 멀리해야 할 음식을 줄인다

평소의 식단에서 고기와 유제품, 정제식품, 가공식품의 비율을 서서히 줄인다. 급격하게 식생활을 바꾸는 것보다 평소 식단에서 하나씩 빼면서 몸에게 준비 기간을 주는 것이 좋다. 스스로 평소의 식습관을 되돌아보고 단맛이나 짠맛을 즐기고 패스트푸드를 좋아하던 식습관을 바꿔 일주일 혹은 한 달 단위로 나만의 규칙을 세워 실천하기만 해도 놀라운 디톡스 효과를 볼 수 있다.

2 녹색채소의 비중을 높인다

로푸드 디톡스에서 가장 친해져야 할 주인공은 바로 녹색채소. 일반 식이와 병행할 때도 매 끼니 생채소를 먼저 먹어 포만감을 높이고, 외식할 일이 생기면 비빔밥이나 쌈밥, 가벼운 드레싱을 곁들인 샐러드 등 채식 위주의 메뉴를 선택한다. 특히 다이어트는 단시간에 끝내는 100m 달리기가 아니므로 생활 속에서 로푸드 식이를 실천해 나가는 것이 무엇보다 가장 중요하다.

3 천천히 오래 씹는다

간혹 생채식을 먹다 보면 몸이 차가워지지 않을까 우려하는 경우가 있다. 하지만 실제로는 생채식 속 효소가 장내 세균을 활성화시켜 발열을 돕기 때문에 오히려 몸이 따뜻해진다. 다만 채소는 표면이 거칠고 조직이 치밀해 위장에 부담을 줄 수 있고, 수분이 많아 찬 기운이 느껴질 수 있으므로 오랫동안 씹어 소화흡수율을 높이는 것이 중요하다. 오래 씹기는 과식도 조절해준다.

4 물을 충분히 마신다

체중을 줄이려면 에너지 소비를 늘려 지방을 태우고 분해해야 하는데, 이때 반드시 물이 필요하다. 물은 노폐물을 배출하고 기초대사량을 높이며 신체 리듬을 원활히 하므로 건강한 다이어트에 필수다. 우리 몸은 하루에 3L 정도의 수분을 배출하기 때문에 하루에 1.5L 이상의 물을 마시는 것이 좋다. 아침에 일어나자마자 한 잔을 마시고, 식사 1시간 전후는 피한다. 나머지는 그 외 시간대에 나누어 마시면 좋다.

5 디톡스 생활습관을 기른다

매일 디톡스 일기를 쓰면 식습관과 생활패턴을 점검할 수 있어 다이어트에 효과적이다. 마신 물의 양과 운동량도 함께 적으면 더 좋다. 틈틈이 스트레칭을 하면 혈액과 림프 순환을 좋게 하고 체온을 올려줘 피부로 독소를 배출할 뿐 아니라, 움직임에 따라 내장 기관이 자극돼 배설에도 효과적이다. 아침에 일어나자마자 밤새 굳어 있던 근육을 스트레칭으로 풀어주고 마른 수건이나 보디 브러시로 온몸을 빗질하듯 5분간 문지르면, 피부 표면의 혈관과 림프절을 자극해 간단하지만 효과적인 피부 디톡스가 된다.

하루 세 끼, 로푸드 식단 짜는 요령

아침식사 | 주스나 스무디로 에너지를 공급한다

아침은 소화 흡수가 빠른 그린 주스나 스무디로 시작한다. 일반 음식을 먹어온 사람은 주스나 스무디만으로는 배가 고프지 않을까 걱정하지만, 영양과 칼로리는 모두 지니고 있어 포만감을 충분히 느끼면서 가볍고 개운하게 먹을 수 있다. 특히 채소나 과일을 생으로 먹을 경우 영양소의 체내 흡수율이 17%인데 반해 섬유질을 제거한 생주스로 마실 경우에는 흡수율이 65% 이상으로 높아지고, 많은 양의 채소와 과일을 씨와 껍질까지 고스란히 먹을 수 있어 활동량이 많은 오전에 포도당을 뇌로 빠르게 공급할 수 있다. 또한 밤새 휴식하던 위와 장에 무리를 주지 않으면서 최대한 효율적으로 에너지를 공급할 수 있기 때문에 매일매일 단기 단식을 하는 효과가 있고 숙변 제거와 같은 노폐물 배출에도 탁월하다. 주서나 믹서가 없을 경우에는 생과일과 채소 위주의 식단을 짠다.

점심식사 | 샐러드나 수프로 신진대사를 원활하게 한다

점심은 여러 가지 채소와 과일이 듬뿍 든 샐러드나 로푸드 수프 등 가벼운 유동식을 먹는다. 한창 활동을 해야 하는 낮 시간에 과식으로 식곤증을 느낀 경험이 많을 것이다. 음식물을 소화하는 데에는 생각보다 많은 에너지가 소모된다. 점심을 가볍게 먹으면 소화하는 데 드는 에너지가 절약돼 신진대사에 도움이 되고 훨씬 활기찬 생활을 할 수 있다. 부족하다 싶으면 로푸드 메인 요리로 대체하거나 채소 스틱, 로푸드 크래커, 스무디 등을 먹어도 좋다.

아침과 점심만 로푸드로 바꿔도 전체 식단의 60~70%가 채워져 한결 가벼운 느낌이 든다. 음식의 양을 줄이라는 말은 절대 아니다. 포만감이 들 정도로 충분히 먹고, 틈틈이 간식을 먹어 저녁 식사 전에 충분한 만족감을 준다.

저녁식사 | 채소를 먼저 먹어 소화를 돕는다

많은 사람들이 아침, 점심은 로푸드 식이를 진행하고 저녁은 익힌 음식을 먹는 방법을 선택한다. 이때는 되도록 효소가 살아 있는 생채소를 먼저 먹고 익힌 음식을 먹어 소화 흡수가 잘 되게 한다. 채소와 과일이 풍부한 로푸드를 먼저 먹으면 포만감이 빨리 와 과식을 막는 데에도 도움이 된다.

익힌 음식은 기름이 많은 소스, 정제된 밀가루로 만든 빵, 국수, 고기보다 가볍게 익히거나 구운 채소 위주로 먹는 것이 좋다. 소화가 더딘 음식들을 많이 먹었을 경우에는 위장이 음식을 소화 흡수시키고 배출하기까지 시간이 더 필요하므로 12시간 이상 공복 상태를 유지한다. 다음 날 아침은 물이나 생즙으로 가볍게 시작하는 것이 좋다.

디톡스 효과를 최대로 끌어내려면 저녁도 로푸드로 해결한다. 샐러드와 메인 요리, 디저트까지 메뉴가 다양하기 때문에 일반식에 대한 욕구가 생각만큼 크지 않다.

단계별 로푸드 식단 짜기

	50% 로푸드 식단	75% 로푸드 식단	100% 로푸드 식단
아침	생채소, 과일 주스 또는 스무디	생채소, 과일 주스 또는 스무디	생채소, 과일 주스 또는 스무디
점심	샐러드 + 일반식	샐러드 + 로푸드 메인 요리	샐러드 + 로푸드 메인 요리
저녁	샐러드 + 일반식	샐러드 + 일반식	샐러드 + 로푸드 메인 요리

• Note •

먹는 순서만 바꿔도 살이 빠져요

아래 표를 참고해 각 끼니의 메뉴 중 한 개 또는 두 개를 골라 식단을 구성한다. 하루의 생활 리듬에 맞춰 아침에는 생주스, 스무디나 과일로 에너지를 빠르게 공급하고, 저녁에는 공복시간이 긴 밤에 대비해 단백질과 탄수화물이 풍부한 로푸드 메인 요리를 먹거나 채소 반찬을 곁들인 현미밥을 먹는다.

먹는 순서도 중요하다. 먹는 순서만 바꿔도 다이어트에 큰 도움이 된다. 항상 식이섬유가 풍부한 생채소부터 먹고 다음에 탄수화물이 많은 음식을 먹는다. 식이섬유를 먼저 섭취하면 포만감을 느끼는 중추를 자극해 식사량을 줄일 수 있고, 탄수화물의 당이 몸에 흡수되는 시간을 늦춰 혈당치가 급격하게 오르는 것을 막아 체중 조절에 도움이 된다.

하루 식단 구성 (저녁식단 예 : 생채소 샐러드→나물류→현미밥 또는 찐 고구마)

아침	점심	간식	저녁
생채소, 과일 주스 생채소, 과일 스무디 생과일 로푸드 수프 견과 밀크와 그래놀라	생채소 샐러드 로푸드 수프 로푸드 메인 요리 (생식 면요리, 김밥, 그린 랩 등)	채소 스틱 생과일 생채소 스무디 에너지 바 로푸드 크래커 로푸드 디저트	생채소 샐러드 로푸드 메인 요리 (생식 면요리, 김밥, 그린 랩 등) 익힌 채소를 곁들인 현미채식

음식 먹는 순서

생채소 주스 ➡ 생채소 스무디 ➡ 생과일, 생채소 ➡ 익힌 채소 ➡ 익힌 전분채소(감자, 고구마 등) ➡ 생 곡물 ➡ 익힌 곡물 ➡ 생 견과 ➡ 동물성 단백질

몸속을 바로잡는 로푸드 디톡스 프로그램

디톡스란 몸속에 쌓인 독소와 노폐물을 배출하는 것을 말해요. 신진대사가 활발해지면서 면역 기능이 좋아지지요. 쌓여 있던 지방이 효율적으로 분해, 배출되기 때문에 다이어트와도 밀접한 관계가 있어요. 소화기관에 휴식시간을 주고 몸을 재정비하는 로푸드 디톡스 프로그램에 도전해보세요.
1년에 두 번 정도 시행하면 좋아요.

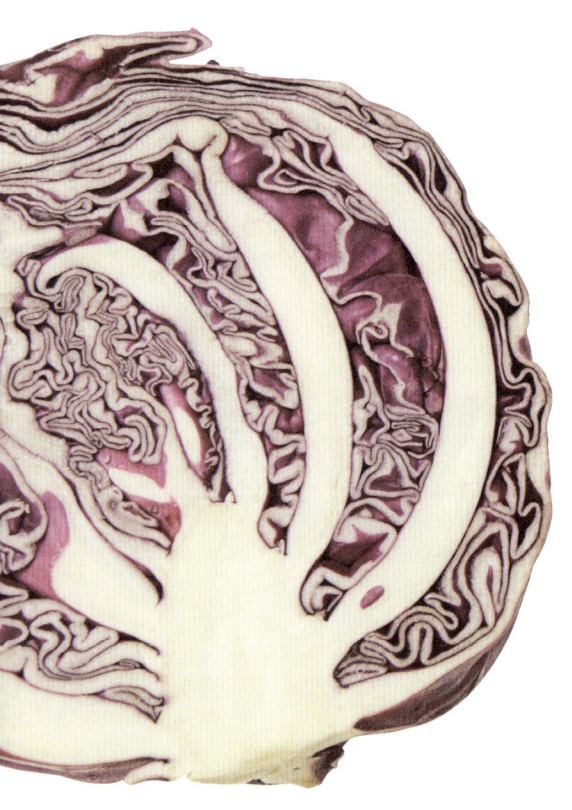

STEP 1 내게 맞는 디톡스 프로그램 찾기

로푸드 디톡스의 가장 큰 특징은 원푸드 다이어트나 단식이 아니기 때문에 일상생활 속에서도 배고픔 없이 쉽게 할 수 있다는 점이다. 자신에게 맞는 디톡스 프로그램을 골라 좋아하는 과일과 채소로 진행한다.

주스 디톡스 | 물, 허브차, 생주스 이외에는 아무것도 먹지 않는 방법이다. 생주스는 섬유질이 빠져나가 소화흡수가 가장 빠르기 때문에 단기간에 가장 큰 디톡스 효과를 볼 수 있다. 짧게는 3~5일에서 길게는 2주 이상 진행한다.

혼합 디톡스 | 생주스와 스무디를 섞어 마시는 방법이다. 주스 디톡스에 비해 소화에 에너지가 더 많이 필요하지만, 섬유질이 풍부한 스무디가 포만감을 주어 시행하기가 더 쉽다. 짧게는 3일, 길게는 2주 이상 진행한다.

로푸드 디톡스 | 100% 로푸드 식단을 유지하는 방법이다. 채소, 과일, 견과류, 씨앗류나 기름 등을 먹고 고기나 유제품은 제한해 해독보다 생활습관 개선에 초점을 맞춘다. 짧게는 30일, 길게는 100일 이상 진행해야 효과가 있다.

STEP 2 준비하기

디톡스 기간에는 가급적 큰 약속을 피한다. 가까운 친구와 가족에게 알리는 것도 도움을 받을 수 있는 좋은 방법이다. 디톡스를 계획한 3~4일 전부터는 고기, 유제품, 가공식품을 피하고 전날 저녁은 가볍게 먹는다.
하루 세 끼를 먹고 소화시키는 데 평균 18시간이 걸린다. 따라서 짧게는 18시간, 길게는 24시간 공복을 유지한 후 디톡스를 시작하면 더 큰 효과를 볼 수 있다. 저녁 6시에 샐러드 위주로 가볍게 식사를 마쳤다면, 다음 날 12시까지 물을 마시면서 18시간 동안 공복 상태를 유지한다. 괜찮다면 다음 날 저녁 6시까지 24시간 단식을 한 후 생즙을 마신다.

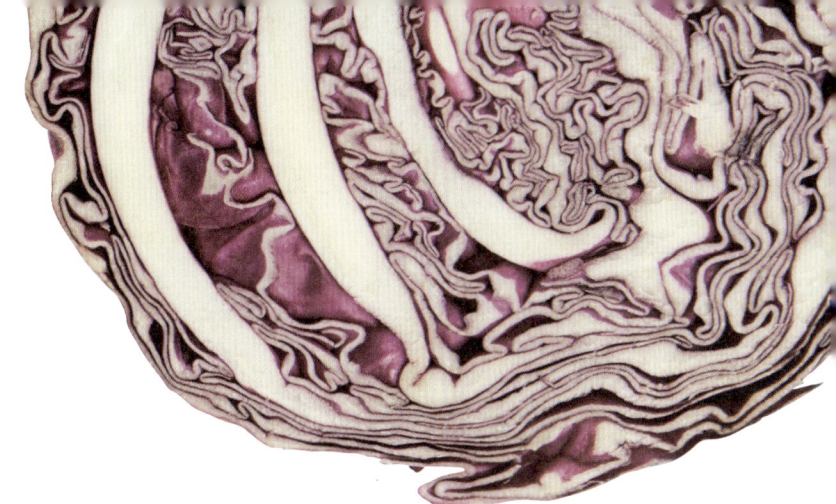

STEP 3 디톡스 프로그램 진행하기

몸이 준비되면 본격적인 디톡스를 시작한다. 이 기간에는 식이뿐 아니라 스트레칭과 마사지, 가벼운 운동도 노폐물이 빠져나가는 데 도움을 준다. 무리한 운동보다 30분 정도의 가벼운 산책이나 자전거 타기, 요가 등을 추천한다.
디톡스 도중 여드름과 같은 피부트러블, 어지러움, 메스꺼움, 소화불량, 배탈, 두통, 구취 등의 증상이 나타날 수 있다. 이는 일종의 명현현상으로 몸속의 독소가 혈액으로 흡수돼 일시적으로 일어날 수 있는 현상들이다. 대부분은 1~2일, 길게는 1~2주 안에 사라진다.

주스 디톡스·혼합 디톡스 | 먹어야 하는 주스나 스무디의 양은 정해져 있지 않다. 하루 최소 세 번, 원하는 만큼 꼭꼭 씹어 먹는다. 보통 하루 1.5~2L를 마시는데, 되도록 녹색잎채소를 많이 쓰고 당분이 많은 과일 대신 풋사과나 자몽, 오렌지 같은 감귤류를 활용한다. 저녁에 채소를 미리 씻어 물기를 빼두면 바쁜 아침시간을 절약할 수 있다. 주스나 스무디는 만들면서 바로 영양소가 줄고 신선도가 떨어지므로 한 번에 많은 양을 만들 경우에는 24시간 안에 다 마시는 것이 좋다.

로푸드 디톡스 | 아침은 주스나 스무디로 시작해 점심과 저녁은 샐러드나 다양한 로푸드 요리를 자유롭게 골라 먹는다. 단기간 동안 주스나 스무디만 마시는 디톡스보다 효과는 느리지만, 100% 로푸드 식이를 하다 보면 자연스레 식습관이 바뀌어 로푸드가 주는 에너지와 가벼움을 경험할 수 있다. 장기전을 위해 채소와 과일을 충분히 준비해두고 바나나, 채소스틱, 로푸드 간식 등을 늘 챙겨 다니면 일반 음식의 유혹에서 벗어나는 데 도움이 된다.

STEP 4 보식하기

디톡스보다 더 중요한 것이 보식이다. 많은 사람들이 3단계까지 끝나면 프로그램이 끝났다고 생각해 먹고 싶었던 음식을 무리하게 먹어 디톡스에 실패한다. 처음에는 아침을 생주스나 스무디로, 점심과 저녁을 로푸드 수프나 샐러드로 2~3일 정도 먹다가 서서히 일반식으로 옮겨간다. 주스 디톡스나 혼합 디톡스로 몸을 재정비하고 난 뒤 로푸드 식단을 하루 두 끼 정도만 유지하면, 무리 없이 건강하고 가벼운 식단을 지속해나갈 수 있다.

로푸드에 자주 쓰는 재료와 고르는 요령

로푸드는 재료 본연의 맛을 즐기는 음식인 만큼 좋은 재료를 고르는 게 무엇보다 중요해요. 주재료만 바르게 골라도 최고의 요리를 만들 수 있지요. 로푸드 다이어트를 위해 친해져야 하는 재료들을 소개합니다. 맛과 건강을 생각한다면 신선함과 영양을 따져서 꼼꼼하게 고르세요.

통곡물

로푸드 요리에서는 정제하지 않은 통곡물을 그대로 쓴다. 도정 과정에서 식이섬유와 비타민, 미네랄 등이 깎여나갈 수 있기 때문이다. 가장 대표적인 통곡물은 현미다. 현미는 발아하면서 식이섬유와 영양소가 더 활성화되기 때문에 곡물을 물에 불리면 부드러워지고 영양가치도 높아진다. 불린 곡물은 견과 밀크와 함께 시리얼처럼 먹어도 좋고, 샐러드에 넣거나 가루를 내 로푸드 빵과 디저트를 만들어도 좋다.

주요 식품 | 현미, 통메밀, 귀리, 통보리, 퀴노아, 옥수수 등

고르는 요령 | 곡물은 통통하고 알곡의 모양이 고른 것을 고른다. 또한 묵은내가 나지 않고 손으로 살짝 눌렀을 때 쉽게 부서지지 않아야 한다. 수입 곡물은 제초제와 농약을 쓰고 훈증 처리를 하는 경우가 많아 유기농법으로 지은 국내산 곡물을 산다. 특히 현미는 백미에 비해 도정이 덜 된 만큼 농약 잔류량도 많다. 유기농 제품을 사고 원산지 표기를 확인하는 등 꼼꼼히 따져보는 것이 중요하다.

생 견과류 & 씨앗류

필수지방산의 주요 공급원일 뿐 아니라 단백질과 미네랄도 풍부하다. 좋은 지방과 단백질 섭취를 위해 로푸드 식단에서 꼭 챙겨 먹어야 할 재료다. 볶지 않은 생 견과와 씨앗을 사서 물에 불려 쓰면 소화가 쉬워지고 각종 불순물이 제거될 뿐 아니라, 자체 효소와 비타민군의 영양가치 또한 높아진다. 불려서 말리면 보관하기 쉽고 바삭해서 샐러드 토핑이나 디저트류에 자주 쓴다.

생 견과류 주요 식품 | 아몬드, 호두, 땅콩, 잣, 캐슈너트, 브라질너트, 마카다미아, 헤이즐넛, 피스타치오 등

씨앗류 주요 식품 | 호박씨, 해바라기씨, 아마씨, 치아씨, 참깨, 들깨, 대마씨 등

고르는 요령 | 지방산으로 구성된 견과는 산화되기 쉽기 때문에 신선한 것을 사는 것이 중요하다. 호두는 연한 황갈색을 선명하게 띠며 골이 촘촘하고 많은 것을 고르고, 잣은 씨눈이 거의 붙어 있지 않고 알이 고른 것이 좋다. 땅콩은 겉껍질이 두껍고 낱알이 둥글며 되도록 껍질이 붙어 있는 것을 산다.

잎채소

녹색잎은 칼슘, 철분, 마그네슘과 같은 필수 미네랄과 단백질, 클로로필의 근원이기 때문에 로푸드의 필수 재료다. 많은 체중 감량을 원한다면 그린 스무디, 주스, 수프, 샐러드 등으로 가능한 한 자주 먹는 게 좋다.

주요 식품 | 상추, 적상추, 케일, 시금치, 로메인 상추, 치커리, 근대, 청경채, 물냉이(크레송), 민들레, 명아주 등

고르는 요령 | 잎과 줄기가 탄력 있고, 색과 결이 선명한 것을 고른다. 양상추, 로메인 상추와 같이 포기로 된 것은 잎이 탄력 있고 포기가 알차 들었을 때 묵직한 것이 맛있다. 소가족이 많은 요즘은 1인분씩 포장된 잎채소들을 쉽게 구할 수 있다. 하지만 채소는 자르는 순간부터 비타민이 손실되고 세균에 노출되며 단맛이 빠지므로, 되도록 통으로 된 채소를 사서 쓴다.

뿌리채소 & 열매채소

칼로리가 낮고 식이섬유가 많으며, 채소의 색을 내는 피토케미컬은 암과 만성질환을 예방한다. 씹는 맛이 좋아 샐러드, 메인 요리에도 많이 쓰이며, 애호박은 로푸드 면요리에서 빠질 수 없는 재료 중 하나이다.

뿌리채소 주요 식품 | 당근, 무, 양파, 감자, 고구마, 우엉, 비트 등
열매채소 주요 식품 | 오이, 가지, 애호박, 토마토, 파프리카 등

고르는 요령 | 뿌리채소와 열매채소는 만져보아 단단한 것이 신선하다. 오이는 모양이 곧고 겉에 오톨도톨한 돌기가 있는 것이 신선하고, 당근은 빛깔이 선명하고 껍질이 매끈한 것이 좋다. 가지와 애호박은 꼭지가 싱싱하고 휘지 않은 것을 고르고, 파프리카는 겉에 주름이 없고 매끈하며 통통한 것을 고른다. 감자와 고구마는 씻은 것은 쉽게 싹이 나고 상하므로 흙이 묻은 것을 사는 것이 좋다.

허브 & 향신채

약효가 좋은 허브는 음식의 맛과 멋을 높여준다. 샐러드나 메인 요리에 조금 넣으면 은은한 향이 배고 더 맛깔스러워지며, 스무디나 주스에 생허브를 넣으면 색다른 맛이 난다. 음식 맛을 살리는 대표적인 향신채는 마늘과 생강이다. 특히 생강은 혈액순환을 도와 몸을 따뜻하게 하고 피로, 식욕부진, 위장 기능 저하에도 탁월한 효과가 있어, 겨울철에 주스나 스무디에 넣어 수시로 마시면 좋다.

주요 식품 | 민트, 바질, 타임, 딜, 고수, 오레가노, 로즈메리, 파슬리, 깻잎, 마늘, 생강 등
고르는 요령 | 허브는 고유의 향이 살아 있는 것을 고르되 뿌리째 사면 더 오래 보관할 수 있다. 생허브가 없으면 말린 허브를 써도 된다. 마늘은 껍질이 붉고 알이 통통하며 윤기가 나는 것이 좋고, 생강은 알이 적당히 굵고 단단하며 황토로 덮여 있는 것을 고른다.

과일

비타민과 탄수화물의 주요 공급원이다. 단맛과 신맛이 나 주스나 스무디의 맛을 더하고 샐러드와 수프, 디저트로는 물론 말리면 간식으로도 훌륭하다. 감량 효과를 높이기 위해서는 당도가 높은 과일을 피하고 레몬, 오렌지, 귤 같은 신 과일을 많이 쓴다.

주요 식품 | 사과, 배, 포도, 참외, 귤, 오렌지, 딸기, 파인애플, 키위, 바나나, 복숭아, 살구, 자두, 레몬, 라임, 아보카도 등

고르는 요령 | 사과는 색이 고르고 조금 거친 느낌이 있는 것이 좋다. 배는 껍질 표면의 점무늬가 크고 꼭지 반대 부분이 납작한 것, 감귤류는 껍질이 얇고 오돌토돌하며 꼭지가 잘 붙어 있는 것이 맛있다. 후숙 과일인 바나나는 바로 먹으려면 껍질에 검은 점이 있는 것을, 오래 두고 먹으려면 껍질과 꼭지가 단단하며 푸른빛을 띠고 묵직한 것을 산다.

말린 과일

수분이 증발되어 당도와 비타민, 식이섬유, 미네랄 함량이 많다. 저장성이 높아 계절과 관계없이 구할 수 있고, 단맛 때문에 로푸드 요리에서 천연 감미료로 유용하게 쓴다. 쫀득쫀득한 점성이 있어 디저트를 만들 때 빼놓을 수 없는 중요한 재료다.

주요 식품 | 곶감, 말린 대추, 대추야자, 건살구, 건무화과, 건자두, 건포도, 말린 크랜베리, 말린 라즈베리 등

고르는 요령 | 대표적인 말린 과일인 곶감은 과육에 탄력이 있고 곰팡이가 없는 것을 고르고, 지나치게 무르거나 딱딱한 것은 피한다. 곶감 표면의 흰 가루는 감의 당분이 밖으로 빠져 나와 생긴 것으로, 흰 가루가 많을수록 당도는 낮지만 수분이 일정하게 유지돼 과육이 부드러우므로 표면에 흰 가루가 알맞게 있는 것을 산다. 말린 대추는 껍질이 붉고 가급적 주름이 적은 것이 좋다.

해조류

칼슘과 요오드 등 필수 미네랄이 가득하고 칼로리는 낮다. 요리할 때 소금 대신 넣거나 풍미를 살리는 데도 좋다. 김이나 다시마로 다양한 채소를 싸서 소스를 곁들이면 근사한 메인 요리로도 손색이 없다. 천사채, 꼬시래기는 면요리에 자주 쓰는 인기 재료이며, 미역과 톳은 샐러드로 만들어 먹기 좋다.

주요 식품 | 김, 미역, 다시마, 톳, 꼬시래기, 천사채 등

고르는 요령 | 마른 미역은 검은색에 가깝고 줄기보다 잎이 더 넓은 것이 좋으며, 생미역은 선명한 녹색에 반투명하며 줄기가 굵지 않되 잎은 넓고 부드러운 것이 맛있다. 다시마는 검은색에 녹갈색을 조금 띠며 두껍고 매끈한 것이 좋다.

로푸드 식단에서 챙겨야 할 영양소

탄수화물

생명현상 유지와 활동에 필요한 주 에너지원이다. 무조건 피하기보다 칼로리를 공급하고 공복감을 채우기 위해 적절히 섭취해야 한다. 하루에 섭취하는 칼로리가 너무 낮으면 철분과 칼슘이 부족해지기 쉬우므로, 혈당지수가 낮은 통곡물, 현미, 메밀 등을 위주로 먹는다. 흰 밀가루나 쌀과 같은 정제곡물은 도정 과정에서 식이섬유와 영양소가 풍부한 싹이 떨어져나가 발아할 수 없는 죽은 곡물이나 다름없다. 통곡물이나 해조류의 탄수화물은 포만감을 빨리 느끼게 해 다이어트에 도움이 된다.

주요 식품 현미, 옥수수, 메밀, 귀리, 통곡류, 해조류 등

단백질

근육의 주성분이며 모든 세포의 대사에 관여하는 영양소다. 단백질을 적절히 섭취하고 휴식, 수면을 취하면 근육 손실을 막고 근육량을 늘리는 데 도움이 된다. 고기는 단백질을 공급하기 좋은 식품이지만, 동물성 단백질은 콜레스테롤, 포화지방산 등이 함께 섭취되는 단점이 있다. 로푸드의 식물성 단백질은 콜레스테롤이나 포화지방산이 적어 성인병의 위험이 적으며 식이섬유를 섭취하기에도 적절하다. 많은 사람들이 생채식을 하면 단백질이 부족할 것이라고 우려하지만, 성장기 청소년이나 임산부, 운동선수와 같이 단백질 공급이 많이 필요한 사람이 아닌 보통 성인이라면 하루 단백질 필요량을 녹색잎채소만으로 섭취할 수 있다.

주요 식품 녹색잎채소(케일, 시금치, 냉이 등), 새싹채소, 아몬드, 호박씨, 치아씨, 아마씨, 해바라기씨, 카카오닙, 메밀, 귀리 등

지방

다이어트의 적이라 생각하지만 적절히 섭취하면 오히려 다이어트에 도움이 된다. 동물성 지방에 주로 들어 있는 포화지방산은 콜레스테롤을 증가시켜 심혈관계 질환을 불러일으킬 수 있지만, 올리브유나 견과류에 들어 있는 불포화지방산은 체내 지방을 분해하는 데 도움이 된다. 또한 적정량의 지방은 포만감을 오래 느끼게 해 식욕을 줄이고 혈당치도 떨어트리는 기능을 한다. 특히 견과류, 아마씨, 올리브유, 들기름, 아보카도 등에는 몸에 좋은 오메가-3지방산 등 착한 지방이 풍부하다.

주요 식품 올리브유, 아마씨, 아마씨유, 치아씨, 치아씨유, 견과류, 아보카도 등

미량영양소

비타민과 미네랄 같은 미량영양소는 탄수화물, 단백질, 지방과 같이 많은 양을 섭취해야 하는 영양소는 아니지만 생명유지에 필수다. 우리 몸의 신진대사를 촉진하고 지방세포를 에너지로 전환하는 데 촉매 역할을 하기도 한다. 미량영양소는 과채류를 통해 섭취하는 것이 가장 이상적이기 때문에 다양한 종류의 채소와 과일을 골고루 먹는다. 특히 신경 써야 할 영양소와 주요 공급원을 알아두면 좋다.

비타민 D | 칼슘 흡수에 관여하는 성분이기 때문에 칼슘 섭취에도 필수다. 말린 무나 표고버섯이 대표적인 식품이며, 온전한 섭취를 위해서는 햇빛을 충분히 쪼이는 것이 좋다.

칼슘 | 뼈 건강에 필수인 칼슘은 동물성 단백질을 많이 섭취할수록 그 필요량도 늘어나기 때문에, 잘 짜인 로푸드 식단에서는 유제품 없이 채식만으로도 충분히 칼슘 섭취를 할 수 있다. 케일, 배추, 브로콜리와 같은 진한 녹색채소나 다시마, 미역 등의 해조류, 참깨, 아몬드, 무화과 등을 많이 먹으면 도움이 된다.

철분 | 채식을 할 경우 철분 결핍을 걱정하는 사람이 많지만, 실제로 고기에서 얻는 철분은 필요량의 1/5밖에 되지 않는다. 가장 훌륭한 철분 공급원은 진한 녹색채소, 통곡물, 콩, 말린 과일, 견과류, 씨앗류이며, 비타민 C가 풍부한 과일과 채소가 철분의 흡수를 높여준다.

비타민 B_{12} | 미생물이나 동물성 식품에 주로 들어 있는 비타민 B_{12}는 채식 식단에서 신경 써야 할 영양소 중 하나이다. 하지만 다른 수용성 비타민과 달리 몸에 쌓이기 때문에 꼭 매일 섭취하지 않아도 된다. 김, 미역, 다시마, 파래 등의 해조류와 채소, 콩이 발효되는 과정(김치, 된장, 청국장)에서 생성되므로, 우리 식생활에서는 조금만 신경 쓰면 충분히 섭취할 수 있다.

로푸드 요리를 풍성하게 만드는 양념과 향신료

* 표시된 재료는 생것은 아니지만 로푸드에 자주 쓰는 양념입니다.

레몬즙　생 사과식초　발사믹식초　　아가베시럽　메이플시럽　생꿀　스테비아

신맛을 낼 때

레몬즙·라임즙　국산 생 레몬으로 짠 즙이 진한 향과 풍미를 내기에 가장 좋다. 늘 갖춰두기 어려워 시판 제품을 쓰기도 하는데, 첨가물이 들어 있으니 가급적 생과일을 사서 직접 즙을 짜는 것이 좋다. 레몬즙 대신 식초를 쓸 경우에는 레시피의 1/2만 넣으면 된다.

생 사과식초　비정제 식초로, 영양 가치를 보존하기 위해 여과나 저온살균을 하지 않아 유익균과 효소가 살아 있는 '초모'란 성분이 있다. 브래그(Bragg) 사의 제품이 제일 유명하지만, 구하기 어려우면 국산 유기농 사과식초나 현미식초를 써도 좋다.

발사믹식초 *　'향기가 좋다'는 의미의 발사믹식초는 일반 식초보다 신맛은 적고 은은한 단맛이 나 샐러드에 자주 쓴다. 숙성기간이 길수록 맛있지만, 비슷한 맛과 색을 내기 위해 캐러멜 색소를 넣는 경우가 많으니 꼭 확인하고 산다.

단맛을 낼 때

아가베시럽 *　선인장 뿌리에서 추출한 당분이다. 메이플시럽이나 꿀처럼 특유의 맛과 향이 없고 찬물에서 금방 녹아 로푸드 요리에서 가장 자주 쓴다. 칼로리는 낮지만 당도는 설탕의 1.5배이며 특유의 보습력 때문에 디저트에 쓰기도 좋다.

메이플시럽 *　단풍나무에서 채취한 수액으로 만든 천연 당분이다. 꿀이나 설탕에는 없는 3대 필수 미네랄(칼륨, 칼슘, 마그네슘)이 들어 있으나, 특유의 향이 강하다.

생꿀　열을 가하지 않고 걸러내 향이 강하고 당도가 높다. 점성이 강해 쫀득한 맛을 살릴 때 많이 쓴다. 꿀벌의 위에서 발효된 생꿀은 당 성분이 40% 정도이고 나머지는 수분과 미네랄, 단백질, 방향성 물질로 이루어져 천연감미료 중 가장 우수하다. 단맛이 강해 다른 시럽의 1/2~2/3만 넣어도 되는데, 적극적인 채식주의자는 꿀도 제한한다.

스테비아 *　스테비아라는 허브에서 추출하는 감미료로, 가루나 원액을 주스나 스무디를 만들 때 쓴다. 당도가 설탕의 200~300배나 되지만, 칼로리는 설탕의 1%이며 항산화물질이 녹차의 50배 이상 들어 있다.

일반적인 향신료와 양념은 보존기간을 늘리기 위해 정제, 살균 과정을 거친 것들이 많아요. 가능하면 '생', 'Raw'라고 적힌, 원재료에 가까운 것을 준비하세요. 꼼꼼하게 챙길수록 더 몸에 좋고 맛있는 요리가 된답니다. 대부분 온라인 쇼핑몰이나 대형마트, 백화점 수입식품 코너에서 구할 수 있어요.

천일염　핑크소금　생 발효간장　미소　영양효모　　올리브유　코코넛오일　참기름

짠맛을 낼 때

천일염·핑크소금 바닷물을 자연 바람과 햇볕에 말려 수분과 유해성분을 증발시킨 천일염이나 핑크소금을 쓴다. 정제 소금보다 미네랄이 풍부하고, 마그네슘과 칼슘이 염화나트륨을 몸 밖으로 배출한다.

생 발효간장(나마쇼유) 고온살균 과정을 거치지 않은 발효간장이다. 국내에서 구하기 쉽지 않기 때문에 로푸드를 엄격하게 하지 않을 경우에는 타마리(채식주의자들이 먹는 글루텐프리 간장)나 일반 간장을 써도 좋다.

고추장·된장·미소 * 한국식 로푸드 요리의 맛을 내기 위해 쓴다. 시판 된장과 고추장보다 첨가물 없이 순수하게 밀가루, 콩, 쌀, 보리로 만든 유기농 장을 쓰는 것이 좋다. 일본 된장인 미소는 우리나라 된장보다 염도가 낮고 맛이 순해 드레싱이나 양념으로 많이 쓴다.

영양효모(뉴트리셔널 이스트) * 사카로미세스 세레비시아란 균주를 사탕수수 등을 먹여 배양한 효모다. 비타민 B군이 많아 채식주의자들의 유용한 단백질 공급원으로 쓰인다. 짭조름한 맛 때문에 로푸드 요리에 치즈 대용으로 자주 쓴다.

기름 & 버터

엑스트라 버진(저온 압착) 올리브유 가공 기름은 고온으로 가열, 압착하기 때문에 원재료 속 영양소가 파괴될 뿐 아니라, 산패 방지를 위해 첨가물을 넣기도 한다. 올리브 열매에서 처음 짜낸 엑스트라 버진 올리브유는 풍미가 좋고 발연점이 낮아 열을 사용하지 않는 로푸드 요리에 적합하다.

코코넛오일·코코넛버터 코코넛 과육에서 추출한 기름과 버터로 맛과 향이 특이하고 고소해서 디저트에 많이 쓰며, 특히 케이크를 상온에서 녹지 않게 굳히는 역할을 한다. 각종 비타민과 아미노산, 미네랄, 필수 단백질이 풍부하면서 트랜스지방과 콜레스테롤이 거의 없어 최근 각광받는 코코넛오일 역시 엑스트라 버진으로 사는 것이 좋다.

참기름 * 깨를 볶아 짜기 때문에 생은 아니지만 고소한 향과 맛이 뛰어나 한국식 샐러드나 요리에 자주 쓴다. 산화되기 쉬워 국산 참기름을 조금씩 사서 쓰는 것이 좋다.

"로푸드 요리에 사용하는 양념과 향신료는
음식의 질과 건강을 고려하여
유기농 제품을 고르는 것이 좋다"

코코넛 슬라이스　　현미가루　　생 카카오가루　　캐롭가루　　　대추야자　　말린 토마토　　계핏가루　　커리가루

디저트를 만들 때

코코넛 슬라이스　코코넛 과육을 말린 것으로 생식 쿠키, 크러스트, 빵 반죽을 만들 때 주로 쓴다. 부드럽고 고소한 향이 좋고, 디저트를 볼륨감 있게 장식할 수 있다. 반드시 무가당 제품을 쓴다.

현미가루　생현미를 직접 갈아 써도 되지만, 곱게 간 것을 사서 냉장보관 해도 좋다. 로푸드 베이킹 재료로 쓰며, 글루텐 알레르기가 있는 사람도 걱정 없이 쓸 수 있다.

생 카카오가루　카카오 열매를 가공해 만든 가루로, 식이섬유와 항산화 물질인 폴리페놀이 풍부하다. 초코 디저트나 음료를 만드는 데 쓴다. 구하기 힘들면 캐롭가루나 유기농 코코아가루(생 카카오를 고온 압착한 것)로 대체할 수 있다.

캐롭가루　초콜릿 향이 나는 콩과 열매를 가공해 만든 가루다. 칼슘과 미네랄이 풍부하며, 카카오가루보다 쌉쌀한 맛은 약하고 단맛은 강하다. 카페인이 없고 약용 효과가 뛰어나 아이들 간식에 넣으면 좋다. 카카오가루 대신 쓸 경우 시럽의 양을 줄여 단맛을 조절해야 한다.

대추야자　'생명의 열매'라 불릴 정도로 영양이 풍부한 중동의 대표 과일이다. 꿀에 절인 것같이 달고 쫀득해 쿠키, 크러스트를 만들 때 쓰거나 수프, 스무디에 넣어 농도를 조절한다. 곶감이나 다른 말린 과일보다 당도가 높고 점성이 강하다.

말린 토마토(선 드라이드 토마토)　토마토를 말려 올리브유에 절인 것이다. 시판 제품을 써도 되고, 토마토가 제철일 때 직접 만들어도 좋다. 토마토보다 진한 맛을 내 소스에 자주 쓰며, 그냥 먹으면 육포 느낌이 난다.

계핏가루　상록나무 껍질에서 나오는 계핏가루는 가장 인기 있는 향신료 중 하나다. 특히 사과 디저트나 단호박 수프, 로푸드 시리얼에 잘 어울린다.

커리가루　강황과 터머릭, 코리앤더, 펜넬, 겨자, 쿠민 등을 섞은 향신료다. 샐러드나 요리에 넣으면 매콤한 맛과 독특한 향이 식욕을 자극한다.

재료는 로푸드로, 맛은 원래대로 즐겨요

고기나 유제품, 밥과 빵을 멀리한다고 걱정할 것 없다. 다양한 대체 재료와 방법으로 그 맛을 재현해낼 수 있기 때문이다. 원래의 맛을 즐길 수 있는 대체 재료를 소개한다.

기본 양념

식초	레몬즙, 라임즙, 베리류, 생 사과식초
설탕	말린 과일, 생꿀, 아가베시럽, 메이플시럽, 스테비아
소금·간장	천일염, 핑크소금, 생 발효간장, 해조류, 장류
식용유	엑스트라 버진 올리브유, 코코넛오일

유제품

치즈	영양효모, 미소(일본 된장), 생식 견과치즈
우유	견과 밀크, 코코넛 밀크, 현미 밀크
버터·크림	아보카도, 생 견과(아몬드, 땅콩 등) 버터, 코코넛버터

소스·육수

소스·드레싱	과채류를 갈아 만든 소스, 견과로 만든 마요네즈 등
육수	채수, 버섯가루, 간 채소나 과일
농도 조절	아마씨, 치아씨, 통곡물가루, 견과가루, 아보카도, 말린 과일 등

탄수화물 식품

밀가루	현미가루, 메밀가루, 견과가루, 씨앗가루, 코코넛 슬라이스
면	애호박·오이·고구마로 만든 생식 면, 천사채
밥	콜리플라워·양배추·콜라비·무 등을 다져 만든 생식 밥

고기

고기	씨앗·채소펄프를 갈아 말린 생식 고기, 절인 버섯, 말린 토마토, 가지

구운 채소·토핑

구운 채소	발효간장과 기름에 절인 뿌리채소와 버섯, 말린 채소
샐러드 토핑	발효간장과 기름에 절인 양파, 말린 마늘, 말린 과일, 견과 등

빵·디저트

빵·크래커·칩	메밀·아마씨·채소펄프로 만든 건조 빵, 말린 과일, 말린 채소
토르티야	로메인 상추, 양배추, 콜라드 잎, 해조류(김, 다시마 등)
쿠키·케이크	생곡물·견과·씨앗을 갈아 얼린 브라우니·치즈케이크·쿠키
아이스크림	얼린 바나나·아보카도·견과 밀크로 만든 아이스크림

재료 손질과 신선하게 보관하는 요령

날것으로 먹는 로푸드 요리는 재료 보관과 손질법이 중요해요. 자주 쓰는 몇몇 재료들을
주말에 미리 다듬어 놓으면 바쁜 주중 시간을 효율적으로 활용할 수 있답니다.
기본 요령들을 익혀 더욱 신선하고 건강한 로푸드를 즐기세요.

* 각 파트별 로푸드 베이직을 참고하세요.

잎채소

보관법

흔들어 흙먼지를 없애고 물기를 뺀 후 지퍼백에 종이타월을 깔고 담아 냉장보관한다. 상추, 로메인 상추 같은 연하고 수분이 많은 잎은 3~4일, 케일, 양배추같이 단단한 잎은 일주일 이내에 먹는다.

손질법

케일은 한 손으로 줄기를 잡고, 다른 손으로 빠르게 훑어 잎을 나눈다.

심지가 두꺼운 잎으로 랩을 쌀 때는 칼로 줄기를 도려낸다.

돌돌 말아 채 썰거나 크게 자른다.

뿌리채소 & 열매채소

보관법

수분이 적고 단단한 뿌리채소와 열매채소는 신문지나 종이타월로 잘 싸서 냉장보관 한다. 가지, 오이, 고추 등은 세워서 보관하면 더 오래간다. 양파는 껍질 그대로 서늘한 곳에 보관한다.

손질법

가지, 오이, 애호박, 당근은 양끝을 도려낸다.

피망은 끝을 잘라내고 씨와 심지를 도려내 채 썰거나 다진다.

양파는 미리 썰어서 찬물에 담가두면 매운맛을 뺄 수 있다.

과일

보관법

후숙 과일은 실온에서 충분히 익힌 후 냉장보관 한다. 물기가 있으면 무르기 때문에 쓰기 직전에 씻는다. 잘 익은 아보카도는 신문지에 싸서 냉장보관 한다. 거뭇거뭇하게 익은 바나나는 껍질을 벗겨 지퍼백에 담아 냉동보관 해두면 스무디를 만들 때 얼음 대신 쓰기 좋다.

아보카도 손질법

1. 칼을 넣어 씨를 중심으로 반 가른다.
2. 아보카도 양쪽을 잡고 비튼다.
3. 씨를 칼로 찍어 돌리거나 숟가락으로 뺀다.

오렌지(레몬·자몽) 손질법

1. 양끝을 자른다.
2. 칼로 도려내듯이 껍질을 벗긴다.
3. 과육 사이사이에 칼을 넣어 한쪽씩 발라낸다.

해조류

보관법

마른 해조류는 직사광선을 피해 서늘한 곳에 공기가 통하지 않게 보관하고, 생것이나 소금에 절인 것은 지퍼백에 담아 냉장보관 또는 냉동보관 한다. 말린 미역이나 해초는 찬물에 불리면 10배 정도 불어나므로 양 조절에 주의하고, 너무 오래 불리면 맛이 빠지기 때문에 1시간 이상 불리지 않는다.

마른 해조류 손질법

1. 찬물에 불린다. 따뜻한 물에 불리면 맛이 빠지고 쉽게 풀어진다.
2. 손으로 주물러 모래와 잡물을 없앤다.
3. 두세 번 정도 흐르는 물에 흔들어 씻은 뒤 물기를 꼭 짠다.

허브

보관법

쉽게 시드는 성질이 있어 5분 정도 물에 담갔다 쓰면 좋다. 너무 오래 담가두면 향이 빠져나가니 주의한다. 줄기나 뿌리째 사는 것이 좋고, 물을 채운 유리병에 꽂아 냉장실에 두면 오래 보관할 수 있다.

손질법

1. 찬물에 담가두었다가 물기를 턴다.
2. 곱게 다진다.

통곡물 & 가루류

보관법

곡물이나 가루는 깨끗한 비닐봉지에 담아 통풍이 잘 되는 서늘한 곳에 보관한다. 여름에는 냉동보관 하는 것이 좋다.

손질법

곡물은 불리거나 발아시켜서 쓴다. 곡물을 날로 먹으면 씹기도 어렵고 소화가 더디지만, 발아시키면 부드러워지고 각종 소화효소가 생성돼 소화에 도움이 된다. 또한 현미와 같은 곡물은 발아하면서 생리활성 물질이 증가돼 영양 면에서도 좋다.

메밀 발아시키는 방법

1. **물에 불리기** 메밀을 잘 씻어 20℃의 물을 3배 정도 붓고 4~6시간 불린다. 중간에 한 번 헹구고 물을 갈면 더 좋다. 메밀은 흡수력이 좋으니 물을 충분히 붓는다.
2. **깨끗하게 씻기** 불린 메밀을 끈끈한 액체가 나오지 않을 때까지 5~7번 깨끗하게 씻는다. 메밀은 부서지기 쉬우므로 조심한다.
3. **싹 틔우기** 씻은 메밀을 체로 걸러 물기를 뺀 뒤 15~20℃의 실온에 두고 싹을 틔운다. 아침저녁으로 하루 2번 물에 헹구거나 분무기로 물을 뿌려 촉촉한 상태를 유지한다. 보통 하루면 싹이 나오는데, 6mm가 될 때까지 3~4일 정도 둔다.

* 장소 | 발아기를 사서 써도 되고, 넓은 채반이나 중간 크기의 유리병 등을 써도 좋다.
* 온도관리 | 발아 시 온도는 매우 중요하다. 온도가 낮으면 싹이 더디게 나고, 온도가 너무 높으면 씨앗이 썩을 수 있다. 겨울에는 따뜻한 곳에, 여름에는 서늘한 곳에 두고, 물에 헹굴 때도 겨울에는 미지근한 물에, 여름에는 차가운 물에 헹군다.
* 산소 | 공급하루에 1~2회 물을 갈거나 분무기로 수분과 산소를 공급한다.

4. **건조하기** 싹 틔운 메밀은 촉촉하게 그냥 먹는 것이 가장 좋지만, 말리면 장기간 보관이 가능하고 바삭함도 살아난다. 싹이 충분히 트면 물에 한 번 헹구어 물기를 뺀 뒤, 쟁반에 잘 펴 46℃로 맞춘 식품건조기에서 8시간 이상 말린 다음 밀폐용기에 보관한다. 말리지 않을 경우에는 냉장보관 한다.

생 견과류 & 씨앗류

보관법

생 견과는 지방이 많아 산패 가능성이 높다. 오래 보관하려면 밀폐용기에 담아 냉동보관 한다. 미리 물에 불려둘 경우에는 썩기 쉬우므로 불린 뒤 자연 건조해 바로 쓰거나 46℃로 맞춘 식품건조기에 말려 냉동보관 한다. 식품건조기에 말리면 바삭함이 살아나고 오랫동안 보관할 수 있어, 넉넉히 준비해두고 필요할 때 바로 쓰기 편하다.

생 견과·씨앗 불리는 시간

종류	시간	종류	시간
캐슈너트	2시간	호박씨	4~6시간
피칸	2~4시간	해바라기씨	4~6시간
아몬드	8~12시간	아마씨	4~6시간
호두	6~8시간	메밀	4~6시간

손질법

씨앗이나 견과에는 효소억제제가 있어 간혹 소화를 더디게 한다. 불리면 이 효소억제제와 일부 기름이 빠져나가 소화가 쉬워진다. 또한 유통 과정에서 생기는 먼지와 남아 있는 껍질 속의 타닌이 제거되고 자체 효소와 비타민 A·B군·C가 늘어나므로 가능한 한 불려서 먹는 것이 좋다. 하지만 적게 먹을 경우에는 소화나 배출에 큰 문제가 없으므로 귀찮으면 불리지 않아도 좋다.

물에 불린다.

46℃로 맞춘 식품건조기에서 말린 뒤 냉동보관 한다.

• Note •

하루에 견과를 얼마나 먹어야 할까요?

견과에 들어 있는 불포화지방산은 몸속 중성지방을 녹이고 콜레스테롤을 줄이며 식욕을 조절하고 포만감을 줘 다이어트에 도움이 된다. 하지만 칼로리가 높아 너무 많이 먹으면 도리어 다이어트의 적이 된다. 여러 조사에 따르면 견과는 하루에 25~28g(1/4컵, 한 움큼) 정도 먹는 것이 적당하다. 25~28g은 아몬드 약 24개, 캐슈너트 약 20개, 호두 약 10개이다.

아몬드 약 24개

캐슈너트 약 20개

호두 약 10개

로푸드 요리에 필요한 조리도구

원액기(주서)

과일이나 채소의 즙을 내는 도구로 선명하고 맑은 주스를 얻을 수 있다. 믹서와는 달리 거름망을 거쳐 즙만 나오고 찌꺼기는 따로 분리된다. 설거지가 편한 제품을 고르는 것이 좋다.

* 원액기가 없을 때는 믹서로 간 뒤, 거름망에 걸러 맑은 주스만 마신다.

고속 믹서(블렌더)

중앙 칼날이 고속으로 회전하며 재료를 가는 도구다. 스무디, 수프, 각종 소스를 만드는 데 쓴다. 강력한 모터와 스테인리스 칼날을 사용해 재료를 단시간에 곱게 갈아 영양소 파괴를 줄이고 체내 흡수율을 높인다.

* 고속 믹서가 없을 때는 푸드 프로세서로 간 뒤, 일반 믹서로 다시 갈아 부드럽게 만든다.

푸드 프로세서(카터기)

재료를 곱게 또는 굵게 다지거나 반죽하는 등 활용도가 높은 만능 조리기구로, 수분 함량이 적은 재료에 적합하다. 채소를 쉽고 빠르게 다질 수 있고, 견과가루, 농도가 진한 소스나 버터 반죽을 만드는 데도 유용하다.

채소탈수기(샐러드 스피너)

원심력을 이용해 채소나 과일의 물기를 빼는 도구다. 물기를 빠르게 완전히 빼 줘 샐러드를 만들 때 좋다.

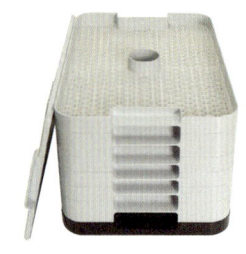

식품건조기

효소를 파괴하지 않는 온도에서 반죽을 말려 빵, 패티, 스낵, 말린 과일 등을 만드는 데 쓴다.

* 식품건조기가 없을 때는 오븐을 가장 낮은 온도로 맞춰 짧은 시간 안에 말린다.

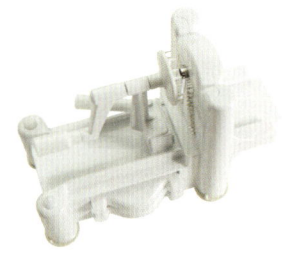

회전채칼(스파이럴 슬라이서)

생식 면요리를 만들 때 요긴하다. 단단한 채소와 과일을 국수처럼 가늘고 길게 뽑아내며, 모양과 질감도 국수와 비슷하다. 회전채칼이 없으면 줄리엔 필러를 써도 된다.

로푸드 요리는 대부분 집에 있는 조리도구들로 할 수 있어요. 주서나 믹서, 푸드 프로세서만 있어도
웬만한 로푸드 요리는 다 되지요. 여기에 있으면 더 편리한 몇 가지 조리도구도 추천해요.
지금 바로 부엌에서 다음 도구들이 있는지 체크해보세요.

필러(감자칼)

감자, 당근, 우엉 등의 껍질을 벗기는 도구로 일명 감자칼이라 불린다. 채소를 얇고 넓적하게 깎을 수 있어 생식 페투치네를 만들 때도 쓴다.

줄리엔 필러(우엉채칼)

우엉채칼이라고도 불리는 줄리엔 필러는 재료를 가늘고 길게 자른다. 생식 스파게티를 만들 때 유용하다.

채칼

재료를 곱게 채 썰 때 쓴다. 칼질이 서투르거나 번거로울 때 유용하고, 채의 굵기가 고르게 나와 음식을 정갈하게 만들 수 있다. 손을 베기 쉬우므로 꼭 장갑을 끼고 쓴다.

거름망 주머니

미세한 망 사이로 건더기를 걸러내는 주머니다. 견과 밀크를 만들 때 찌꺼기를 거르는 데 주로 쓰며, 씨앗이나 견과를 발아시키는 데도 유용하다.

알뜰주걱

믹서나 푸드 프로세서로 재료를 갈고 나서 구석에 있는 재료까지 깔끔하게 긁어낼 수 있다. 반죽을 얇게 펴거나 모양을 잡을 때도 유용하다.

테프론 시트

표면이 매끄러워 식품건조기에 반죽을 말릴 때 쟁반에 깔고 반죽을 올리면 눌어 붙지 않는다. 재료가 쟁반 틈으로 빠지는 것도 막는다. 물로 닦아 말려서 보관하면 반영구적으로 사용할 수 있다.

Part 2 주스 & 스무디

채소와 과일을 그대로 먹으면 생각보다 많이 먹기 어려워요. 그래서 채소로 만든 주스와
스무디는 로푸드 식단에서 매우 중요하답니다. 갈거나 즙을 내 먹으면 체내 흡수율이 높아지고
흡수도 빨리 돼 하루에 필요한 영양소를 쉽게 섭취할 수 있거든요.
만들기 간편하고 아침식사로도 좋은 음료 한 잔으로 건강한 하루를 시작하세요.

Basic 맛과 영양을 살리는 주스 & 스무디 노하우

주스 기본 테크닉

주스는 재료를 갈거나 짜서 섬유질을 걸러낸 맑은 즙을 말한다. 섬유질은 장 속 유산균을 늘리고 장운동을 활발하게 하는 반면 소화 흡수를 방해한다. 따라서 섬유질을 걸러내면 영양분의 65% 이상을 빠르게 흡수시킬 수 있다. 장기를 일정기간 쉬게 하는 주스 단식을 하거나 채소 음료를 처음 마시는 사람들에게 특히 좋다. 재료로는 섬유질이 많은 잎채소와 단단하고 수분이 많은 채소, 과일이 적합하다.

만들기
1 재료를 주서 투입구에 잘 들어가게 적당한 크기로 자른다.
2 채소와 과일을 주서에 번갈아 넣어 즙을 짠다.

Tip
- 수분이 적고 점성이 있는 바나나, 아보카도 등은 주스에 적합하지 않아요.
- 채소만으로 주스를 만들려면 잎채소에 당근, 비트, 토마토, 오이 등을 더하면 좋아요.
- 밀싹, 신선초, 씀바귀 등 맛이 강한 잎채소를 즙내어 얼음 틀에 얼려두면 필요할 때 간편하게 쓸 수 있어요. 집에 있는 과일로 즙을 짠 뒤 얼려놓은 잎채소 즙을 하나씩 넣어 녹여 마시면 강한 맛이 순해져요.

스무디 기본 테크닉

스무디는 재료를 믹서 등으로 갈아 즙과 섬유질을 함께 먹는 음료를 말한다. 섬유질까지 전부 섭취할 수 있어 포만감이 크며, 장 속 유산균을 늘리고 배변을 도와 변비 개선에 효과적이다. 또한 장의 움직임을 활발하게 해 유해물질과 노폐물을 배출하는 효과가 뛰어나다.

만들기
1 재료를 갈기 쉽게 적당한 크기로 자른다.
2 믹서에 과일·채소와 같은 고체류, 물·코코넛워터·아몬드 밀크 등의 액체류 순으로 넣어 간다.

Tip
- 잎채소보다 단단한 과일을 먼저 넣어 가세요. 잎채소는 잎 부분을 먼저, 줄기를 나중에 넣어야 갈기가 쉬워요.
- 바나나, 파인애플, 망고, 베리류를 얼려서 쓰거나 얼음을 넣어 갈면 더 맛있어요. 얼음은 1인분에 3개 정도가 적당해요.
- 물 대신 같은 양의 코코넛워터나 견과 밀크를 넣으면 더 깊은 맛을 느낄 수 있어요.
- 아보카도나 견과, 씨앗류를 더하면 크리미하고 풍부한 맛이 나요.

Note

주스나 스무디는 신선할 때 바로 드세요

- 채소나 과일의 효소는 공기 중에 노출되면 산화되어 체내에서 흡수되기 어려워진다. 또한 만든 지 24시간이 지나면 비타민 등 영양소가 크게 줄고 미생물 수가 급격히 늘어난다. 만들어 바로 마시는 것이 가장 좋다.
- 보관할 경우에는 도기나 유리병에 담아 냉장보관 한다. 강한 산성을 띠는 주스나 스무디는 플라스틱과 화학반응을 일으킬 수 있다.
- 다음 날 마시려면 냉동실에 보관했다가 녹여 마신다. 스무디는 마시기 직전에 한 번 더 갈면 뭉침 없이 부드럽게 마실 수 있다.
- 남은 음료에 레몬즙을 조금 넣으면 산화와 변색을 막는 데 효과적이다.

맛과 영양을 더하는 부스터

감귤류 과일보다 채소의 비율을 높이면 몸에는 더 좋지만 맛은 떨어진다. 그럴 경우 레몬이나 라임, 오렌지, 자몽, 귤 등의 감귤류로 신맛을 더하거나 풋사과로 신맛과 단맛을 조절하면 강한 채소의 향과 맛을 완화할 수 있다.

감미료·말린 과일 과일과 채소만으로 단맛을 내는 것이 가장 좋지만, 부족하다고 느껴지면 혈당치를 급격히 상승시키지 않는 스테비아, 아가베시럽, 생꿀 등을 더한다. 스무디를 만들 때 말린 과일을 넣으면 점성과 당도가 높아져 색다른 맛을 즐길 수 있다.

생강·마늘·고추 생강, 마늘, 고추를 조금 넣으면 몸에 열이 돌아 혈액순환에 도움이 된다. 특히 생강은 공자가 보온을 위해 식사 때마다 챙겨 먹었다고 할 정도로 몸을 따뜻하게 할 뿐 아니라 진저롤이라는 성분이 콜레스테롤을 억제해 혈액을 맑게 하는 겨울철 대표 채소다.

씨앗류 단백질, 식이섬유, 필수지방산이 풍부한 치아씨, 아마씨, 질경이씨(차전자피) 등을 음료에 1큰술 타서 마시면 채식 식단에 부족한 영양소가 보충되고 포만감이 커진다.

가루류 시중에서 파는 프로바이오틱스 유산균(내장활동 증진 유익균), 글루타민제(근손상을 막는 아미노산제제의 일종), 밀싹, 스피룰리나, 클로렐라, 각종 베리가루(항산화 효과) 등을 적절히 이용하면 음료의 영양을 높일 수 있다.

채소·과일의 색깔별 효능

그린 녹색 성분인 엽록소가 신진대사, 피로 해소, 세포 재생을 도와 노화를 예방한다. 중금속 같은 체내 유해물질을 흡착해 배출하기 때문에 디톡스 효과도 볼 수 있다. 비타민 A·B·C가 풍부하고 식이섬유가 장운동을 원활하게 해 변비 해소에 좋고, 콜레스테롤을 줄여 심혈관 질환 예방에도 도움이 된다.

그린 푸드 | 케일·로메인 상추·시금치·양배추 등의 잎채소, 새싹채소, 셀러리, 오이, 브로콜리, 키위, 청포도, 멜론 등

레드 붉은색을 내는 리코펜은 뛰어난 항산화 작용으로 몸에 쌓인 유해산소를 없애 피를 맑게 하고 심장을 튼튼하게 한다. 안토시아닌은 아스피린보다 10배 강한 소염작용이 있어 암, 동맥경화 예방에 효과적이다. 비타민, 미네랄, 식이섬유 등도 풍부하다.

레드 푸드 | 토마토, 빨간색 파프리카, 비트, 사과, 수박, 딸기, 라즈베리, 석류, 자두, 체리 등

옐로 베타카로틴과 루테인이 풍부한 노란색 식품은 다른 색깔보다 면역력을 높이는 데 효과적이며 암 예방에도 좋다. 소화 기능을 돕고 위장을 보호할 뿐 아니라 모세혈관 벽을 보강하고 혈액순환 개선에도 도움을 준다. 눈 건강에 좋은 비타민 A와 피부미용에 탁월한 비타민 C도 풍부하다.

옐로 푸드 | 당근, 노란색·주황색 파프리카, 호박, 고구마, 감, 복숭아, 살구, 귤, 오렌지, 자몽, 망고, 파인애플, 바나나 등

퍼플 보라색을 내는 안토시아닌계 색소가 동맥경화를 막고 해독 작용을 한다. 체내 항산화 작용은 물론 시력보호, 심신 안정, 혈전 형성 억제, 심혈관계 질환 예방에도 효과적이다.

퍼플 푸드 | 가지, 적양배추, 자색 당근, 포도, 블루베리, 블랙베리, 무화과 등

그린 주스 & 스무디

녹색은 보기만 해도 안정감을 주는 힐링 컬러예요.
피로 해소와 디톡스 효과가 탁월한 그린 음료 한 잔으로
건강한 녹색 에너지를 느껴보세요.

— *How to cook* —

그린 에너지 주스
재료(1인분) 케일 5장, 풋사과(아오리) 1개, 레몬 1/2개
1 **채소·과일 썰기** 케일은 적당한 크기로 썰고, 사과는 씨를 빼고 껍질째 적당한 크기로 썬다. 레몬은 껍질을 벗겨 4등분한다.
2 **착즙하기** 케일과 과일을 주서에 넣어 즙을 짠다.

바이오 토닉
재료(1인분) 셀러리 3줄기(15cm), 배 1개
1 **셀러리·배 썰기** 셀러리는 적당한 크기로 썬다. 배는 씨를 빼고 껍질째 적당한 크기로 썬다.
2 **착즙하기** 셀러리와 배를 주서에 넣어 즙을 짠다.

수분 가득 주스
재료(1인분) 오이 1개, 참외 1개
1 **오이·참외 썰기** 오이는 양끝을 자르고 껍질째 적당한 크기로 썬다. 참외는 껍질을 벗기고 적당한 크기로 썬다.
2 **착즙하기** 오이와 참외를 주서에 넣어 즙을 짠다.

청포도 펀치
재료(1인분) 청포도 2컵, 치커리 1줌
1 **치커리·청포도 손질하기** 치커리는 밑동을 잘라내고 적당한 크기로 썬다. 청포도는 한 알씩 떼어낸다.
2 **착즙하기** 치커리와 청포도를 주서에 넣어 즙을 짠다.

Tip 그린 주스와 스무디를 맛있게 만들려면?
- 일반적으로 가장 먹기 쉽고 맛있는 스무디의 비율은 채소 40%, 과일 60%예요. 처음에는 이 비율로 시작하고, 조금씩 채소의 비율을 높이세요.
- 그린 스무디를 처음 마시는 경우라면 시금치, 로메인 상추, 양상추 등 맛이 강하지 않은 채소를 사용해 적응기간을 갖다가 케일과 같이 짙은 녹색의 채소로 바꾸세요. 일반 상추는 쓸쓸한 맛과 향이 강해 주스나 스무디에 적합하지 않아요.
- 잎채소의 향이 너무 강하게 느껴지면 오이와 셀러리의 비율을 높이세요. 수분이 많아져 맛이 연해져요.

그린 벨벳 스무디
재료(1인분) 시금치 1줌, 바나나 1개, 레몬 1/4개, 물 1/2컵
1 **채소·과일 썰기** 시금치는 밑동을 잘라내고 적당한 크기로 썬다. 바나나와 레몬은 껍질을 벗겨 적당한 크기로 썬다.
2 **믹서에 갈기** 채소와 과일, 물을 믹서에 넣어 곱게 간다.
* 얼린 바나나를 사용하면 더 시원하고 맛있어요.

트로피컬 그린 스무디
재료(1인분) 양상추 잎 6장, 파인애플 링 1개, 바나나 1개, 물 1컵
1 **채소·과일 썰기** 양상추는 적당한 크기로 썬다. 바나나는 껍질을 벗겨 적당한 크기로 썰고, 파인애플 링은 4등분한다.
2 **믹서에 갈기** 채소와 과일, 물을 믹서에 넣어 곱게 간다.
* 얼린 파인애플과 바나나를 사용하면 더 시원하고 맛있어요.

브로콜리 키위 셰이크
재료(1인분) 브로콜리 1/2개, 키위 2개, 물 1/2컵
1 **브로콜리·키위 썰기** 브로콜리는 적당한 크기로 송이를 떼고, 키위는 껍질을 벗겨 적당한 크기로 썬다.
2 **믹서에 갈기** 브로콜리와 키위, 물을 믹서에 넣어 곱게 간다.

그린 하모니 스무디
재료(1인분) 청경채 1줌, 복숭아 2개, 바나나 1/2개, 물 1컵
1 **채소·과일 썰기** 청경채는 적당한 크기로 썰고, 복숭아는 씨를 빼고 적당한 크기로 썬다. 바나나는 껍질을 벗겨 적당한 크기로 썬다.
2 **믹서에 갈기** 채소와 과일, 물을 믹서에 넣어 곱게 간다.
* 얼린 바나나를 사용하면 더 시원하고 맛있어요.

Variation 다른 색깔에 녹색 채소를 더해보세요
다른 색깔의 주스나 스무디에 잎채소 1~2컵이나 셀러리 2줄기, 또는 오이 1개를 넣어도 좋아요. 맛도 좋고 다이어트 효과도 높일 수 있어요.

레드 주스 & 스무디

붉은색 채소와 과일은 심장의 기능을 돕는 성분들과
비타민, 미네랄, 식이섬유가 풍부해요.
젊음을 유지시키는 레드 푸드를 상큼한 음료로 즐기세요.

How to cook

민트 수박 쿨러

재료(1인분) 수박 3컵, 레몬 1/2개, 민트 잎 2~3개

1 **민트·과일 손질하기** 컵에 민트 잎을 넣어 으깨고, 수박과 레몬은 껍질을 벗겨 적당한 크기로 썬다.
2 **착즙하기** 수박과 레몬을 주서에 넣어 즙을 짠 뒤, 민트를 넣고 향이 우러나도록 젓는다.

붉은 햇살 주스

재료(1인분) 빨간색 파프리카 2개, 오렌지 1개

1 **파프리카·오렌지 썰기** 파프리카는 반으로 갈라 씨와 하얀 부분을 떼어내고 적당한 크기로 썬다. 오렌지는 껍질을 벗겨 적당한 크기로 썬다.
2 **착즙하기** 파프리카와 오렌지를 주서에 넣어 즙을 짠다.

핫핑크 주스

재료(1인분) 비트 1개, 사과 1개, 당근 2개, 레몬 1/4개

1 **채소·과일 썰기** 비트, 사과, 당근은 껍질째 적당한 크기로 썬다. 레몬은 껍질을 벗겨 적당한 크기로 썬다.
2 **착즙하기** 채소와 과일을 주서에 넣어 즙을 짠다.

항산화 주스

재료(1인분) 토마토 1개, 배 1/2개

1 **토마토·배 썰기** 토마토는 꼭지를 떼고, 배는 씨를 빼 껍질째 적당한 크기로 썬다.
2 **착즙하기** 토마토와 배를 주서에 넣어 즙을 짠다.

Tip **효과를 높이려면?**

- 지방연소 효과가 있는 고추, 변비와 빈혈, 고혈압에 효과적인 비트, 이뇨작용이 뛰어난 수박을 이용하면 체중 감량에 더 효과적이에요.
- 토마토를 넣을 때는 기름을 1작은술 넣어보세요. 토마토에 풍부한 리코펜을 더 빠르게 흡수할 수 있어요.

골든 메달리스트

재료(1인분) 딸기 3개(1컵), 바나나 1개, 오렌지 1/4개, 물 1/4컵

1 **과일 썰기** 딸기는 꼭지를 떼고, 바나나와 오렌지는 껍질을 벗겨 적당한 크기로 썬다.
2 **믹서에 갈기** 과일과 물을 믹서에 넣어 곱게 간다.

* 얼린 바나나, 딸기를 사용하면 더 시원하고 맛있어요.

토마토 파프리카 스무디

재료(1인분) 토마토 1개, 빨간색 파프리카 1/2개, 셀러리 1줄기(15cm), 마늘 1/2쪽, 천일염 조금, 통후추 조금

1 **채소·과일 썰기** 토마토는 꼭지를 떼고, 파프리카는 씨와 하얀 부분을 떼어내고 적당한 크기로 썬다. 셀러리는 겉의 딱딱한 섬유질을 벗기고 적당한 크기로 썬다.
2 **믹서에 갈기** 채소와 마늘, 천일염, 후추를 믹서에 넣어 곱게 간다.

루비 스무디

재료(1인분) 석류 1/2개(1컵), 딸기 3개(1컵), 물 1/4컵

1 **석류·딸기 썰기** 석류는 가운데에 십자로 칼집을 낸 뒤 벌려 씨를 빼고, 딸기는 꼭지를 뗀 뒤 적당한 크기로 썬다.
2 **믹서에 갈기** 석류와 딸기, 물을 믹서에 넣어 곱게 간다.

* 얼린 딸기를 사용하면 더 시원하고 맛있어요.

레드 펀치 스무디

재료(1인분) 수박 3컵, 청경채 1줌(1컵)

1 **수박·청경채 썰기** 청경채는 적당한 크기로 썰고, 수박은 껍질을 벗겨 적당한 크기로 썬다.
2 **믹서에 갈기** 청경채와 수박을 믹서에 넣어 곱게 간다.

* 얼린 수박을 사용하면 더 시원하고 맛있어요.

옐로 주스 & 스무디

새콤달콤한 감귤류의 신맛은 지방 분해 효소를 자극해 다이어트에 도움이 돼요. 비타민이 풍부한 노란색 음료로 맛과 건강, 아름다움을 한 번에 챙기세요.

How to cook

당근 사과 주스
재료(1인분) 당근 2개, 사과 1개, 레몬 1/2개
1 **채소·과일 썰기** 당근과 사과는 껍질째 적당한 크기로 썰고, 레몬은 껍질을 벗겨 4등분한다.
2 **착즙하기** 당근, 사과, 레몬을 주서에 넣어 즙을 짠다.

비타민 버블 주스
재료(1인분) 자몽 1개, 오렌지 1개
1 **자몽·오렌지 썰기** 자몽과 오렌지는 껍질을 벗겨 적당한 크기로 썬다.
2 **착즙하기** 자몽과 오렌지를 주서에 넣어 즙을 짠다.

오렌지 당근 주스
재료(1인분) 오렌지 1개, 당근 1개
1 **오렌지·당근 손질하기** 오렌지는 껍질을 벗겨 적당한 크기로 나눈다. 당근은 껍질째 적당한 크기로 썬다.
2 **착즙하기** 오렌지와 당근을 주서에 넣어 즙을 짠다.

파인애플 셀러리 주스
재료(1인분) 파인애플 링 2개, 셀러리 2줄기(15cm), 레몬 1/2개
1 **채소·과일 썰기** 셀러리는 적당한 크기로 썰고, 레몬은 껍질을 벗겨 적당한 크기로 썬다. 파인애플 링은 4등분한다.
2 **착즙하기** 채소와 과일을 주서에 넣어 즙을 짠다.

Tip **당근은 통째로, 바나나는 얼려서 쓰세요**
- 당근의 베타카로틴은 껍질에 많아요. 깨끗이 씻어 껍질째 쓰세요.
- 망고, 파인애플, 바나나 같은 후숙 과일은 껍질을 벗기고 밀폐용기에 담아 얼려두면 편해요. 오래 보관할 수 있고 시원하게 먹기 좋아요.

트로피컬 탱고 스무디
재료(1인분) 망고 1/2개, 파인애플 링 1개
1 **망고·파인애플 링 썰기** 망고는 껍질을 벗겨 적당한 크기로 썰고, 파인애플 링은 4등분한다.
2 **믹서에 갈기** 망고와 파인애플을 믹서에 넣어 곱게 간다.

복숭아 스무디
재료(1인분) 복숭아 2개, 양상추 잎 3장, 물 1컵
1 **복숭아·양상추 썰기** 복숭아는 씨를 발라 껍질째 적당한 크기로 썬다. 양상추도 적당한 크기로 썬다.
2 **믹서에 갈기** 복숭아와 양배추, 물을 믹서에 넣어 곱게 간다.

로맨틱 홍시 셰이크
재료(1인분) 홍시 2개, 당근 1/2개, 물 1/4컵
1 **홍시·당근 손질하기** 홍시는 꼭지를 떼고 씨를 뺀다. 당근은 껍질째 적당한 크기로 썬다.
2 **믹서에 갈기** 홍시와 당근, 물을 믹서에 넣어 곱게 간다.
* 얼린 홍시를 사용하면 더 시원하고 맛있어요.

피나콜라다
재료(1인분) 파인애플 링 6개, 코코넛 슬라이스 1/2컵, 코코넛워터 1컵
1 **파인애플 링 썰기** 파인애플 링은 4등분 한다.
2 **믹서에 갈기** 모든 재료를 믹서에 넣어 곱게 간다.
* 얼린 파인애플을 사용하면 더 시원하고 맛있어요.

Variation **고춧가루를 넣어 맛과 효과를 높여요**
감귤류, 망고, 파인애플과 같은 새콤달콤한 과일이 들어간 주스나 스무디에 고운 고춧가루나 카옌페퍼 1작은술을 넣어보세요. 신진대사를 활성화해 몸을 따뜻하게 하고 식욕을 억제하는 효과가 있을 뿐 아니라 칼칼한 매운맛이 의외로 잘 어울린답니다.

퍼플 주스 & 스무디

보라색 채소와 과일에는 시력저하나 망막 질환을 예방하는 안토시아닌이 가득해요. 보라색은 식욕을 떨어뜨리는 효과가 있어 다이어트에도 좋아요.

How to cook

미나리 포도 주스
재료(1인분) 포도 4컵, 미나리 1줌
1. **포도·미나리 손질하기** 포도는 한 알씩 떼어내고, 미나리는 적당한 크기로 썬다.
2. **착즙하기** 포도와 미나리를 주서에 넣어 즙을 짠다.

시트러스 퍼플 주스
재료(1인분) 적양배추 잎 1/6개, 포도 2컵, 오렌지 1/2개
1. **채소·과일 손질하기** 적양배추는 적당한 크기로 썰고, 오렌지는 껍질을 벗겨 적당한 크기로 썬다. 포도는 한 알씩 떼어낸다.
2. **착즙하기** 적양배추, 오렌지, 포도를 주서에 넣어 즙을 짠다.

와일드 베리 주스
재료(1인분) 블루베리 1컵, 비트 1/2개
1. **비트 썰기** 비트는 껍질째 적당한 크기로 썬다.
2. **착즙하기** 비트와 블루베리를 주서에 넣어 즙을 짠다.

포도 가지 사워
재료(1인분) 포도 4컵, 가지 1개, 레몬 1/4개
1. **채소·과일 손질하기** 포도는 한 알씩 떼어내고, 가지는 꼭지를 떼고 적당한 크기로 썬다. 레몬은 껍질을 벗겨 적당한 크기로 썬다.
2. **착즙하기** 포도, 가지, 레몬을 주서에 넣어 즙을 짠다.

Tip 베리류의 영양을 지키고 싶다면?
블루베리, 아사이베리, 아로니아(블랙초크베리), 복분자 등의 베리는 제철에 나는 신선한 것을 고르는 게 중요해요. 신선한 베리를 구하기 어렵다면 냉동된 것을 사용하세요. 비타민 C를 제외한 대부분의 영양소와 항산화 성분이 잘 저장되어 있답니다.
베리류의 씨에 들은 성분은 체내 흡수가 잘 이뤄지지 않을 수 있으니 꼭꼭 씹거나 믹서에 갈아 먹는 것이 좋아요. 또한 여러 종류를 섞어 먹으면 뇌에 다양한 영양소를 공급할 수 있어서 더 좋답니다.

크리미 블루베리 스무디
재료(1인분) 블루베리 1컵, 바나나 1개, 케일 1컵, 물 1/2컵
1. **케일·바나나 썰기** 케일은 적당한 크기로 썰고, 바나나는 껍질을 벗겨 적당한 크기로 썬다.
2. **믹서에 갈기** 케일, 바나나, 블루베리, 물을 믹서에 넣어 곱게 간다.

* 얼린 블루베리와 바나나를 사용하면 더 시원하고 맛있어요.

퍼플 메들리 스무디
재료(1인분) 적양배추 1/6개, 배 1개, 물 1/4컵
1. **적양배추·배 썰기** 적양배추와 배를 적당한 크기로 썬다.
2. **믹서에 갈기** 적양배추와 배, 물을 믹서에 넣어 곱게 간다.

힐링 퍼플 스무디
재료(1인분) 블루베리 1컵, 토마토 1개
1. **토마토 썰기** 토마토는 꼭지를 떼어내고 적당한 크기로 썬다.
2. **믹서에 갈기** 토마토와 블루베리를 믹서에 넣어 곱게 간다.

* 얼린 블루베리를 사용하면 더 시원하고 맛있어요.

포도 채소 스무디
재료(1인분) 포도 2컵, 어린잎채소 1줌, 물 1/4컵
1. **포도 손질하기** 포도를 한 알씩 떼어낸다.
2. **믹서에 갈기** 포도, 어린잎채소, 물을 믹서에 넣어 곱게 간다.

* 얼린 포도를 사용하면 더 시원하고 맛있어요.

아몬드 밀크

영양이 꽉 들어찬 아몬드에는 식물성 단백질과 칼슘이 풍부해요.
순 식물성인 아몬드 밀크는 우유보다 소화도 잘 돼 채식을 하는 사람들이 즐겨 마신답니다.

How to cook

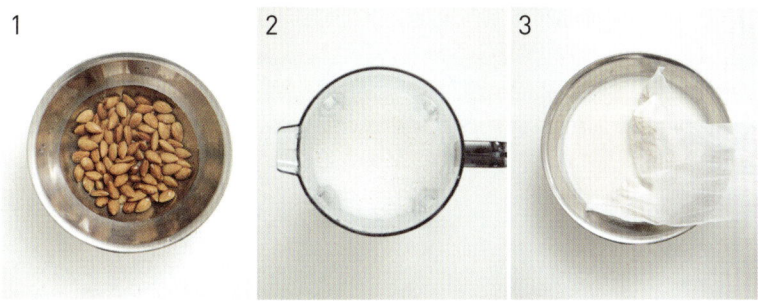

재료(4컵)

생 아몬드 1컵
물 4컵
천일염 조금

1 아몬드 불리기 아몬드를 깨끗한 물에 8시간 이상 불린다.

* 불려서 껍질을 벗기면 더 뽀얀 아몬드 밀크를 만들 수 있어요. 아몬드 대신 같은 양의 생 캐슈너트나 생 마카다미아 등을 써도 좋아요.

2 아몬드 갈기 불린 아몬드와 물, 천일염을 믹서에 넣어 곱게 간다.

* 취향에 따라 곶감 1개나 아가베시럽, 생꿀 2큰술을 넣어 단맛과 풍미를 더해도 좋아요.

3 거르기 ②의 아몬드 밀크를 면포나 체로 거른다.

Tip 아몬드펄프는 요리에 활용하세요

아몬드를 갈아 면포로 거르고 남은 찌꺼기를 아몬드펄프라고 해요. 펄프는 냉장 시 4일, 냉동 시 4개월 정도 보관할 수 있으며, 24시간 말려서 가루로 만들면 보관기간을 늘릴 수 있어요. 쿠키나 빵을 만들 때 가루 재료 대신 같은 양의 아몬드펄프를 넣으면 고소한 맛을 더할 수 있어요.

Variation 리얼 카카오 밀크

아몬드 밀크 1컵, 생 카카오가루 1큰술, 아가베시럽 1큰술, 계핏가루 1작은술을 믹서에 넣고 곱게 갈면 달콤한 초콜릿 음료를 만들 수 있어요. 언 바나나 1개를 같이 넣어도 좋아요.

홍시 마 요구르트

산 속의 장어라 불리는 마에는 소화효소인 디아스타아제와 위벽을 보호하는 뮤신이라는 성분이 풍부해요. 마를 사과와 함께 갈아 홍시를 곁들이면 상큼한 요구르트처럼 즐길 수 있어요. 과일과 생꿀, 계핏가루 등을 더하면 아침식사나 간식으로도 제격이랍니다.

How to cook

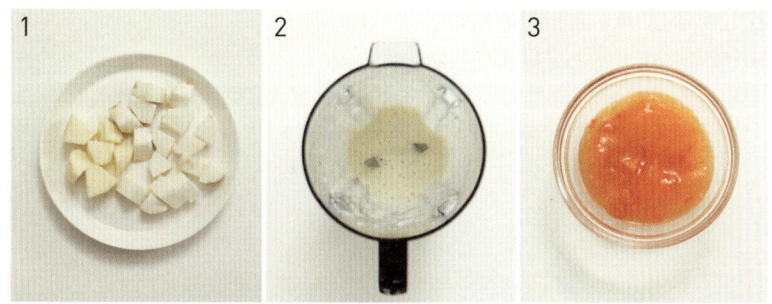

재료(1인분)

마 1토막(5cm)
사과 1/4개
홍시 1개

1 **마·사과 썰기** 필러(감자칼)로 마 껍질을 벗겨 적당한 크기로 썬다. 사과도 껍질을 벗겨 적당한 크기로 썬다.
2 **마·사과 갈기** 믹서에 마와 사과를 넣어 간다.
3 **홍시 으깨기** 홍시는 껍질을 벗기고 씨를 뺀 뒤 으깬다.
4 **그릇에 담기** 컵에 ②를 따르고 으깬 홍시를 올린다.

Tip 마를 손질할 때는 비닐장갑을 끼세요

피부가 예민한 경우 마즙이 피부에 닿으면 가려움증이 생길 수 있으니 꼭 비닐장갑을 끼고 손질하세요. 마는 오래 갈면 갈변되고 거품이 많이 생기므로 믹서에 잠깐만 갈거나 강판에 가는 것이 좋아요.

스파이시 하와이안 스무디

생강의 매운맛을 내는 진저롤 성분은 콜레스테롤을 줄이고 혈액순환을 좋게 해요. 달콤한 파인애플에 생강, 고춧가루를 더해 스무디를 만들면 달콤하면서도 알싸한 맛이 일품인 특별한 스무디가 탄생합니다.

현미 아침햇살

뽀얀 현미 음료는 단백질이 풍부해 아침에 든든하게 먹기 좋아요. 고소하고 부드러운 현미 주스 한 잔으로 힘찬 아침을 시작하세요.

How to cook

스파이시 하와이안 스무디

재료(1인분)
파인애플 링 2개
오렌지 1/2개
바나나 1/2개
물 1/2컵
고춧가루 1작은술
저민 생강 1조각(선택)

1 **파인애플 링 썰기** 파인애플 링을 4등분한다.
2 **오렌지·바나나 썰기** 바나나와 오렌지는 껍질을 벗기고 적당한 크기로 썬다.
3 **믹서에 갈기** 썬 과일과 물, 고춧가루, 생강을 믹서에 넣고 곱게 간다.

Variation 스파이시 망고 스무디
파인애플 대신 언 망고 1컵을 넣으면 스파이시 망고 스무디가 완성돼요.

현미 아침햇살

재료(1인분)
현미 1/2컵
물 1½컵
아가베시럽(또는
메이플시럽) 2큰술
코코넛오일 1작은술

1 **현미 불리기** 현미를 24시간 이상 충분히 불려 부드럽게 한다.
* 전날 불려두면 아침에 바로 쓸 수 있어요.
2 **믹서에 갈기** 불린 현미와 물 1/2컵을 믹서에 넣어 갈다가 아가베시럽, 코코넛오일, 물 1컵을 마저 넣고 곱게 간다.
* 단맛은 취향에 따라 조절하세요.

Variation 현미 대신 대마씨도 좋아요
현미 대신 단백질이 풍부한 식용 대마씨로 만들어도 좋아요.

청키 라즈베리 스무디

만화 뽀빠이에 등장하는 시금치는 칼슘과 철분이 많아
성장촉진과 빈혈예방에 좋아요.
카카오와 말린 라즈베리, 치아씨를 함께 넣으면
쌉쌀하면서도 새콤달콤한 스무디가 완성됩니다.
거친 듯 매력적인 청키 라즈베리 스무디는
영양도 맛도 만점이에요.

애플파이 스무디

향긋하고 달콤한 사과로 애플파이 맛이 나는 스무디를
만들어보세요. 부드러운 아몬드 밀크와 계핏가루를 더해
브런치 음료로 좋아요. 치아씨를 조금 넣으면 포만감도
커지고 씹는 맛도 좋아져요.

How to cook

청키 라즈베리 스무디

재료(1인분)

시금치 2줌
말린 라즈베리 1/2컵
생 카카오가루 2큰술
치아씨 2큰술
물 1컵

1 **시금치 썰기** 시금치는 밑동을 잘라내고 적당한 크기로 썬다.
2 **믹서에 갈기** 시금치와 말린 라즈베리, 카카오가루, 치아씨, 물을 믹서에 넣고 곱게 간다.

Tip 영양 많은 치아씨는 다이어트에 좋아요

고대 아즈텍인들이 주식으로 즐겨 먹던, 치아씨는 작지만 영양소가 가득한 완전식품이에요. 칼륨은 바나나의 2배, 항산화 물질은 블루베리의 3배, 철분은 시금치의 3배이고 오메가 지방산과 오메가-6지방산, 단백질도 풍부하답니다. 원래 무게의 10배 이상 물을 흡수하기 때문에 포만감을 주어 다이어트에도 아주 좋고 푸딩이나 버블티 등에도 많이 활용해요.

Variation 다양한 말린 과일을 활용하세요

말린 라즈베리 대신 같은 양의 건무화과나 건포도, 건살구를 넣어도 좋아요.

애플파이 스무디 1 2   청키 라즈베리 스무디 1 2

애플파이 스무디

재료(1인분)

사과 1개
바나나 1/2개
곶감 1/2개
(또는 대추야자 1½개)
치아씨 1큰술
계핏가루 1/2작은술
물 1컵
바닐라에센스 1/2작은술(선택)

1 **과일·곶감 손질하기** 사과는 씨를 빼고 껍질째 적당한 크기로 썬다. 바나나는 껍질을 벗기고 적당한 크기로 썬다. 곶감은 꼭지를 떼고 씨를 뺀다.
2 **믹서에 갈기** 손질한 과일과 곶감, 물, 치아씨, 계핏가루, 바닐라에센스를 믹서에 넣고 곱게 간다.

part 2 주스 & 스무디 • 55

Plus recipe

주스 펄프를 활용한 **건강 레시피**

주스를 만들고 남는 펄프. 버리기도 아깝고 어떻게 처리할지 고민이라면 요리에 활용해보세요.
당근, 고구마 같은 뿌리채소펄프나 잎채소펄프, 아몬드펄프는 식이섬유가 풍부하고 수분이 적어 가루 내어
요리에 넣으면 좋아요. 지퍼백에 조금씩 나눠 냉장 또는 냉동보관 해두면 필요할 때마다 꺼내 쓰기 좋아요.

같은 재료, 다른 느낌

당근 김밥

재료(1인분) 생김 3장, 당근펄프 1컵, 아보카도 1개, 파프리카 1/2개, 적양배추 1/5포기
양념장 생 발효간장 2큰술, 고추냉이 1작은술, 레몬즙 1작은술

1 **김·채소 손질하기** 생김은 4등분하고, 아보카도, 파프리카, 적양배추는 가늘게 채 썬다.
2 **김밥 말기** 김 위에 아보카도, 파프리카, 적양배추를 올려 고깔 모양으로 만다.
3 **양념장 곁들이기** 당근펄프를 위에 올리고 양념장을 고루 섞어 곁들인다.

미트볼

재료(1인분) 당근펄프 1컵, 해바라기씨 1컵, 아마씨 1/4컵, 양파 1/8개, 마늘 1쪽, 생 발효간장 1작은술, 천일염 1작은술, 후춧가루 1작은술

* 아마씨는 오래 전부터 약용으로 사용된 씨앗으로 오메가-3 지방산이 풍부하며 항암효과가 커요. 점성을 주는 데도 뛰어나 로푸드 요리와 베이킹에 다양하게 활용됩니다.

1 **재료 갈기** 모든 재료를 푸드 프로세서에 넣고 간다.
2 **모양 빚기** 미트볼 반죽을 지름 2cm로 동그랗게 빚는다.
3 **건조하기** 46℃로 맞춘 식품건조기에 6시간 이상 말려 촉촉하게 한다.

* 식품건조기가 없다면 오븐을 가장 낮은 온도로 맞춰 말리세요.

칼로리 걱정 없는 너트 프리 간식

촉촉 당근 머핀

재료(1인분) 당근펄프 1컵, 바나나 1개, 코코넛 슬라이스 2컵, 계핏가루 1작은술(선택)
장식용 바나나 1/2개, 코코넛 슬라이스 1큰술

1 **재료 섞기** 모든 재료를 볼에 넣고 잘 섞는다.

2 **머핀 틀에 담기** 반죽을 동그랗게 뭉쳐 종이 머핀 틀에 담고, 바나나와 코코넛 슬라이스를 올린다.

3 **굳히기** 냉장고에 넣어 1시간 이상 차갑게 굳힌다.

채소펄프 칩

재료(1인분) 채소펄프 2컵, 아마씨 1/2컵, 물 1/4~1/2컵, 생 발효간장 1큰술, 후춧가루 조금, 커리가루 1/2작은술(선택)

1 **재료 갈기** 모든 재료를 푸드 프로세서에 넣어 간다.

2 **건조하기** 시트지에 반죽을 얇게 펼쳐 식품건조기에 46℃로 6시간 이상 말린 뒤, 3×2cm 크기로 칼집을 낸다.

3 **바삭하게 말리기** 시트지를 빼 통풍이 더 잘 되게 한 뒤 5시간 이상 바삭하게 말려 칼집대로 자른다.

씹는 맛이 살아 있는 펄프 드레싱

당근 허니 드레싱

재료 당근펄프 2큰술, 올리브유 2큰술, 레몬즙 4작은술, 생꿀 4작은술, 천일염 조금

1 **재료 섞기** 볼에 모든 재료를 넣고 잘 섞는다.

채소 오리엔탈 드레싱

재료 잎채소펄프 2큰술, 생 발효간장 4큰술, 생꿀 2큰술, 생 사과식초 2큰술, 생 들기름 2작은술, 통깨 1작은술, 후춧가루 조금

1 **재료 섞기** 볼에 모든 재료를 넣고 잘 섞는다.

Part 3 수프 & 브런치

몸은 가볍게 하고 영양은 가득 채워주는 수프는 에피타이저로도 좋고, 가벼운 한 끼나 간식으로도 그만이에요. 버터나 밀가루가 없어도 제철 과일과 채소를 통째로 쓰기 때문에 포만감을 준답니다. 통곡물로 만든 그래놀라나 에너지 바 역시 가볍지만 영양 밀도가 높아 아침 대용이나 영양 간식으로 만점이에요. 견과 밀크나 그린 음료를 곁들이면 더 좋아요.

Basic 음식의 질감과 농도를 조절하는 방법

농도 조절 재료 알기

채소나 곡물을 갈아서 수프, 푸딩, 죽 등을 만들 때는 농도와 질감이 매우 중요하다. 음식을 뭉쳐지게 만들거나 크림같이 부드럽게 만드는 재료를 알아두면 유동식뿐 아니라 다양한 조리법에 활용해 일반 요리와 같은 맛을 낼 수 있다.

아보카도
지방이 많은 과일로 부드러운 질감을 낼 때 가장 많이 쓴다. 수프나 푸딩뿐 아니라 드레싱이나 소스, 디저트를 만들 때 버터, 달걀, 마요네즈를 대신해 점성을 높이고 유화제 역할도 한다. 향미나 녹색의 색감이 강해 자칫 음식의 맛과 색을 해칠 수 있어 주로 레몬즙, 엑스트랙류나 카카오가루 등과 함께 쓴다.

치아씨·아마씨
오메가-3지방산이 풍부한 치아씨와 아마씨는 물에 불리면 끈적임이 생겨 음식을 뭉치거나 점성을 높이는 데 자주 쓴다. 치아씨는 물이나 견과 밀크를 넣고 불리면 그 자체로 푸딩처럼 먹을 수 있어 로푸드 인기 재료 중 하나다. 씨앗을 그대로 쓰거나 갈아서 건조스낵이나 버거에 밀가루 대신 쓸 수 있다.

생과일·생채소
과일과 채소는 재료 본연의 맛과 향을 살리고 농도를 진하게 하는 데 좋은 재료다. 단맛을 내고 싶다면 바나나, 배, 홍시와 같은 과일을 쓰면 좋다. 은근한 단맛을 내려면 고구마나 파프리카, 토마토를 쓴다.

말린 과일·말린 채소
말린 토마토나 버섯을 가루 내 수프에 넣으면 농도 조절은 물론 음식의 풍미도 높여준다. 말린 과일에 물을 조금 넣고 갈아 페이스트를 만들어 요리에 넣으면 재료들끼리 잘 뭉쳐지고 단맛도 더해진다. 특히 말린 과일은 펙틴이 풍부해 디저트에서 가루를 뭉칠 때 빠질 수 없는 재료다.

통곡물가루·견과가루
통곡물이나 견과를 가루 내 넣으면 밀가루와 같은 역할을 할 뿐 아니라 포만감도 커진다. 집에서도 재료를 불려 말린 뒤 분쇄기로 갈기만 하면 쉽게 만들어 다양하게 활용할 수 있다. 대표적으로 아몬드가루, 메밀가루, 현미가루, 귀리가루가 있다.

홈메이드 가루 만들기

아몬드가루

1 생 아몬드를 물에 8시간 이상 불린 뒤, 손으로 밀어 껍질을 벗기고 물기를 뺀다.
* 껍질째 써도 되지만 껍질을 벗기면 하얀 아몬드가루를 만들 수 있어요.

2 자연건조하거나 46℃의 식품건조기에서 8시간 이상 바짝 말린다.
* 식품건조기가 없으면 오븐을 제일 낮은 온도로 맞춰 1시간 이상 타지 않게 말린 뒤 식히세요.

3 푸드 프로세서나 믹서로 곱게 간다.
4 체에 쳐 위에 남은 굵은 알맹이를 모아 한 번 더 곱게 간다.

Tip
아몬드 밀크를 만들고 남은 펄프를 식품건조기에 말리기만 해도 아몬드가루를 만들 수 있어요. 굵은 알맹이는 따로 보관했다가 케이크 크러스트나 크럼블을 만들 때 써도 좋아요.

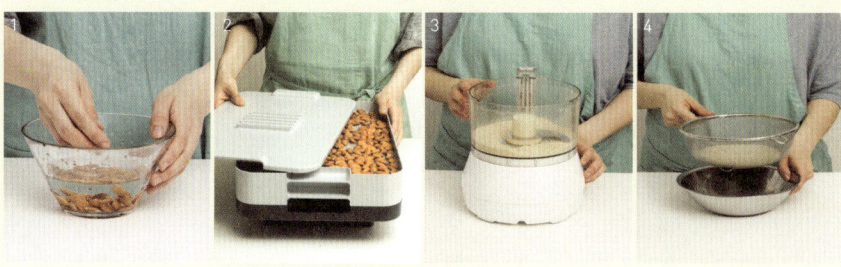

현미가루

1 현미를 물에 24시간 이상 충분히 불린다.
2 자연건조하거나 46℃의 식품건조기에서 8시간 이상 바짝 말린다.
* 식품건조기가 없으면 오븐을 제일 낮은 온도로 맞춰 1시간 이상 타지 않게 말린 뒤 식히세요.

3 푸드 프로세서나 믹서로 곱게 간다.
4 체에 쳐 위에 남은 굵은 알맹이를 모아 한 번 더 곱게 갈아 냉동보관 한다.

Tip
수수, 조 등 다양한 잡곡을 섞어 혼합곡물가루를 만들어도 좋아요.

Note

수프를 따뜻하게 먹어도 좋아요

곡물이나 견과가 많이 들어간 수프는 따뜻하게 먹어도 좋다. 다음은 효소가 파괴되지 않는 온도 내에서 따뜻하게 먹을 수 있는 방법이다.

- 갈기 전에 과일이나 채소를 따뜻한 물에 씻는다.
- 뜨거운 물을 담은 큰 그릇에 수프 그릇을 담가 15분 정도 중탕한다.
- 46℃ 이하의 식품건조기에 30분간 넣어둔다. 또는 오븐을 제일 낮은 온도로 맞춰 15분 동안 넣어둔다.

그린 에너지 수프

다양한 채소가 가득한 에너지 수프는 바쁜 아침에 쉽게 만들면서 포만감도 느낄 수 있는 메뉴예요.
셀러리와 양파를 곁들여 씹는 맛이 살아 있는 색다른 수프로, 주스나 스무디 단식 후 보식용으로도 좋아요.

How to cook

1　　　　　2　　　　　3　　　　　4

재료(2인분)

시금치 2컵(약 1줌)
오이 1/2개
피망 1/2개
토마토 1/2개
바나나 1/2개
레몬 1/2개
물 1/2컵
천일염 조금

장식

셀러리 1/3줄기(15cm)
통후추 조금

1 **시금치 손질하기** 시금치를 찬물에 씻은 뒤 한 입 크기로 뜯어 물기를 뺀다.

* 시금치 대신 잎채소 1줌, 피망 대신 파프리카를 넣어도 좋아요.

2 **채소·과일 썰기** 오이, 피망, 토마토를 한 입 크기로 썬다. 바나나도 껍질을 벗겨 한 입 크기로 썬다.

3 **셀러리 썰기** 셀러리를 0.5cm 두께로 썬다.

4 **믹서에 갈기** 장식용 셀러리를 뺀 나머지 재료를 믹서에 넣어 곱게 간다.

5 **그릇에 담기** 곱게 간 수프를 그릇에 담고 통후추를 갈아 뿌린 뒤 셀러리로 장식한다.

* 물의 양은 채소의 수분에 따라 조절하세요.

Tip 셀러리 향이 부담스럽다면 양을 조금씩 늘리세요 ──

무리한 다이어트를 하다 보면 급격하게 식사량이 줄어 장운동이 느려지고 배변 활동이 제대로 되지 않아 변비가 생길 수 있어요. 셀러리는 비타민 A·B₁·B₂·C와 철분이 풍부해 여자에게 좋은 채소예요. 당질과 지방은 적고 식이섬유가 풍부해 체중조절 식단으로 적합하답니다. 독특한 향이 부담스럽다면 수프나 샐러드에 얇게 썰어 넣어 조금씩 그 양을 늘리세요. 아삭아삭한 맛이 찬 수프와 잘 어울려 거부감 없이 즐길 수 있어요.

오이 사과 가스파초

오이는 우리 몸에 수분을 보충해주고 풍부한 칼륨이 이뇨작용을 도와 부기를 빼는 데 효과적이에요. 청량감이 가득한 오이와 새콤한 풋사과로 만든 가스파초로 지친 몸에 생기를 불어넣으세요.

토마토 가스파초

정열의 나라 스페인의 대표 요리인 가스파초는 토마토와 오이, 양파 등을 갈아 만든 차가운 수프예요. 미네랄과 비타민이 풍부해 다이어트는 물론 피부미용에도 탁월하고, 더운 여름철에 시원하게 먹으면 원기회복에도 그만입니다.

How to cook

오이 사과 가스파초

재료(2인분)
오이 1개
풋사과(아오리) 2개
양파 1/4개
마늘 1/2쪽
레몬즙 2큰술
천일염 1/2작은술
후춧가루 조금

1 **채소 썰기** 오이, 사과, 양파를 한 입 크기로 썬다. 1/8은 장식용으로 송송 썬다.

* 풋사과 대신 빨간 사과를 넣어도 좋아요.

2 **믹서에 갈기** 나머지 ①과 마늘, 레몬즙, 천일염, 후춧가루를 믹서에 넣고 곱게 간다.

3 **그릇에 담기** 곱게 간 수프를 그릇에 담고 장식용 채소와 과일을 올린다.

* 얼음을 함께 갈면 더 시원하게 먹을 수 있어요.

토마토 가스파초

재료(2인분)
토마토 2개
빨간색 파프리카 1/2개
오이 1/2개
양파 1/4개
셀러리 1줄기(15cm)
레몬즙 1큰술
천일염 1작은술
후춧가루 조금

1 **채소 썰기** 토마토, 파프리카, 오이, 양파, 셀러리를 한 입 크기로 썬다. 1/8은 장식용으로 송송 썬다.

2 **믹서에 갈기** 채소와 레몬즙, 천일염, 후춧가루를 믹서에 넣어 곱게 간다.

3 **그릇에 담기** 곱게 간 수프를 그릇에 담고 장식용 채소를 올린다.

버섯 크림수프

버섯의 은은한 향과 견과의 크리미한 질감을 이용해 칼로리는 낮추고 풍미는 살린 수프예요.
풍부한 단백질과 탄수화물, 지방 등의 영양소도 고루 갖춰 에너지를 공급하는 든든한 아침식사로 좋아요.

How to cook

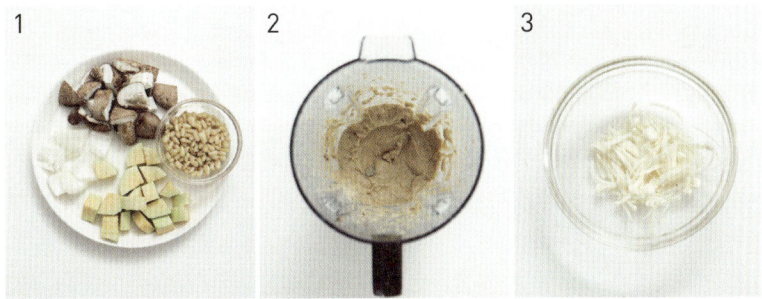

재료(2인분)

표고버섯 3개
애호박 1/2개
양파 1/4개
잣(또는 생 캐슈너트) 1/4컵
물 1/2컵
생 발효간장 2작은술
아가베시럽 1작은술
레몬즙 2작은술
참기름 1/2작은술

팽이버섯 양념

팽이버섯 1/4봉지(40g)
아가베시럽 1/2작은술
생 사과식초 1/2작은술
레몬즙 1/2작은술

1 **표고버섯·채소 썰기** 표고버섯은 밑동을 잘라내고 깨끗이 턴 뒤 한 입 크기로 네모지게 썬다. 애호박과 양파는 껍질을 벗겨 한 입 크기로 네모지게 썬다.

2 **믹서에 갈기** 버섯과 채소, 나머지 재료를 믹서에 넣어 곱게 간다.

3 **팽이버섯 무치기** 팽이버섯은 밑동을 잘라내고 깨끗이 턴 뒤 3등분한다. 팽이버섯 양념을 모두 넣고 잘 버무린다.

4 **그릇에 담기** ③의 수프를 그릇에 담고 팽이버섯 무침을 올린다.

Tip 버섯은 물로 씻지 마세요

대부분의 버섯은 수분을 쉽게 흡수하기 때문에 물에 씻지 않는 것이 좋아요. 수분을 흡수하면 양념이 잘 배지 않고 맛과 향이 떨어지기 때문이에요. 솔로 겉에 묻은 먼지와 흙만 털어 젖은 행주로 닦고, 물에 씻었다면 재빨리 마른행주로 닦으세요. 버섯 밑동은 따로 보관했다가 채수를 만드는 데 쓰면 좋아요.

단호박 수프

포만감을 주면서 칼로리가 낮고 각종 비타민이 풍부한 단호박으로 부드러운 수프를 만들어보세요. 배를 함께 넣어 단호박 특유의 비린 맛은 잡고 달콤함은 더했어요. 노란 색감에 기분까지 좋아지는 수프랍니다.

비트 수프

강렬한 붉은 속살이 특징인 비트는 철분이 많아 빈혈 예방에 좋아요. 상큼한 맛의 비트 수프는 색깔도 예뻐 손님상에 식욕을 돋우는 에피타이저로 내면 근사하답니다.

How to cook

단호박 수프

재료(2인분)

단호박 1/2개
배 1/2개
물 1컵
아가베시럽 1작은술
레몬즙 1작은술
올리브유 1작은술

장식

호박씨 1작은술
계핏가루 조금(선택)

1 **단호박·배 썰기** 단호박과 배는 껍질을 벗겨 한 입 크기로 네모지게 썬다.
2 **믹서에 갈기** 단호박과 배, 나머지 재료를 믹서에 넣어 곱게 간다.
3 **그릇에 담기** ②의 수프를 그릇에 담고 호박씨를 잘게 다져 올린 뒤 계핏가루를 뿌린다.

비트 수프

재료(2인분)

비트 1개
고구마 1개
사과 1/2개
레몬즙 2큰술
물 1컵
올리브유 1작은술

장식

생 캐슈너트 1작은술
허브 조금(선택)

1 **비트·고구마·사과 썰기** 비트와 고구마는 껍질을 벗겨 한 입 크기로 네모지게 썬다. 사과는 씨를 빼고 한 입 크기로 네모지게 썬다.
2 **믹서에 갈기** 비트와 고구마, 사과, 나머지 재료를 믹서에 넣어 곱게 간다.
3 **그릇에 담기** ②의 수프를 그릇에 담고 캐슈너트와 허브를 잘게 다져 올린다.

초코 치아씨 푸딩

몽글몽글 톡톡 씹히는 재미가 가득한 영양만점 치아씨 푸딩은 포만감이 커서 아침식사로 좋아요.
바쁜 아침, 만들기 쉽고 간편한 치아씨 푸딩으로 든든하게 시작하세요.

How to cook

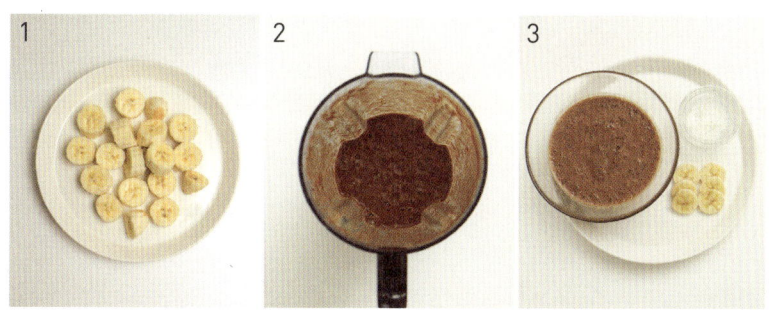

재료(2인분)

바나나 2개
생 호두 4개
물 1컵
생 카카오가루 1큰술
치아씨 3큰술

장식

바나나 1/4개
코코넛 슬라이스 2작은술

1 **바나나 썰기** 바나나는 껍질을 벗겨 한 입 크기로 썬다. 장식용 바나나는 얇게 썬다.

2 **믹서에 갈기** 믹서에 바나나, 호두, 물, 카카오가루를 넣어 간다.

3 **치아씨 불리기** ②에 치아씨를 넣고 냉장고에서 하루 동안 불린다.

* 10분 이상이 되면 시간이 지날수록 치아씨가 젤화되면서 찰지고 탱글탱글해져요. ②에 치아씨를 함께 간 뒤 불려도 좋아요.

3 **그릇에 담기** 푸딩을 그릇에 담고 얇게 썬 바나나와 코코넛 슬라이스를 올린다.

Variation 아몬드 밀크 치아씨 푸딩

미리 만들어둔 아몬드 밀크가 있다면 전날 아몬드 밀크 1컵에 치아씨 3큰술, 아가베시럽 1큰술을 넣고 잘 섞어 냉장고에서 불려두세요. 다음 날 아침에 집에 있는 과일만 올리면 간단하고 든든하게 먹을 수 있어요.

사과 시나몬 오트밀

귀리는 단백질과 식이섬유가 풍부해 통곡물 중에서도 슈퍼 푸드로 꼽히는 식품이에요.
귀리로 만드는 오트밀은 유럽이나 미국에서도 식사대용으로 많이 먹는 음식이죠.
사과와 귀리를 함께 먹으면 귀리에 부족한 비타민과 단맛을 사과가 보충해줘 맛도 건강도 배가됩니다.

How to cook

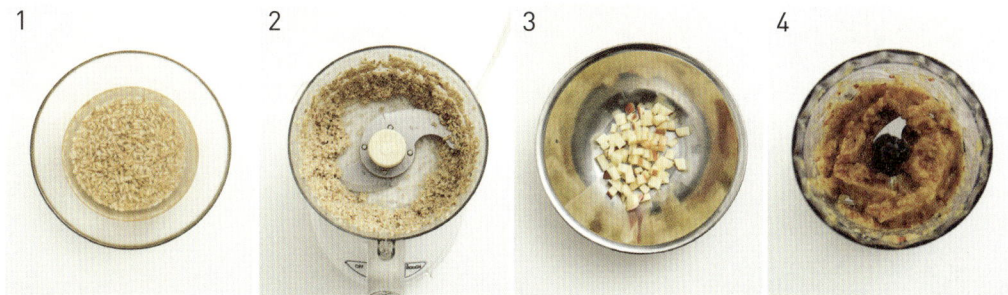

재료(1인분)

아몬드 밀크 1컵(p.49 참고)
계핏가루 1작은술

오트밀

생 귀리 1컵
물 2큰술
생꿀(또는 아가베시럽)
1큰술
천일염 조금

사과 콤포트

사과 1/2개
곶감 1개
레몬즙 2큰술

1 **귀리 불리기** 생 귀리를 물에 8시간 이상 불린다.

2 **오트밀 만들기** 불린 귀리의 물기를 빼고, 물, 생꿀, 천일염과 함께 푸드 프로세서에 넣어 거칠게 간다.

* 씹는 맛을 위해 너무 곱게 갈지 않는 게 좋아요.

3 **사과 썰기** 사과 1/4개는 가로세로 1cm 크기로 네모지게 썬다.

4 **사과 콤포트 만들기** 푸드 프로세서에 나머지 사과 1/4개와 곶감, 레몬즙을 넣어 간 뒤, ③의 사과를 넣고 섞는다.

5 **그릇에 담기** 그릇에 아몬드 밀크 1컵을 붓고 ②의 오트밀과 ④의 사과 콤포트를 넣은 뒤 계핏가루를 뿌린다.

Tip 귀리로 음료를 만들어도 좋아요

귀리는 새롭게 주목받는 다이어트 영양곡물이에요. 당질은 적으면서 단백질은 많고 식이섬유도 현미의 2배나 많아요. 생 귀리를 사두었다가 스무디와 함께 갈면 고소한 곡물 음료가 된답니다.

Variation 사과 콤포트 파이

로푸드 크러스트를 케이크 틀이나 머핀 틀 위에 깔고 사과 콤포트를 올려 파이처럼 먹어도 좋아요. 아삭아삭하고 상큼해서 로푸드 쿠키, 샐러드 등에 다양하게 활용할 수 있어요.

씨앗 에너지 바

씨앗과 견과는 로푸드 요리에서 단백질 보충을 위해 자주 쓰는 재료들이에요. 여러 가지 씨앗을 듬뿍 넣어 씹을수록 고소하고, 카카오가루를 넣어 달콤 씁쌀한 맛이 매력적인 영양만점 홈메이드 에너지 바를 만들었어요. 갖고 다니며 하나씩 먹기도 좋답니다.

How to cook

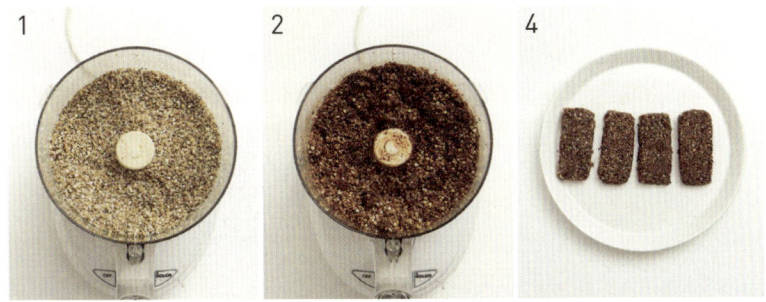

재료(12개)

불려서 말린 메밀 1컵
생 해바라기씨 1컵
코코넛 슬라이스 1컵
생 귀리 2큰술
치아씨 4큰술
곶감 7개
(또는 말린 과일 1컵)
코코넛오일 2큰술
생 카카오가루 4작은술
아가베시럽 2큰술
물 1큰술

1 **씨앗 갈기** 메밀, 해바라기씨, 코코넛 슬라이스, 귀리, 치아씨를 푸드 프로세서에 넣어 거칠게 간 뒤 볼에 담아둔다.

* 씹는 맛을 위해 너무 곱게 갈지 않는 게 좋아요.

2 **페이스트 만들기** 푸드 프로세서에 곶감, 코코넛오일, 카카오가루, 아가베시럽, 물을 넣어 간다.

3 **반죽 섞기** ①에 ②를 넣어 잘 섞는다.

4 **모양 잡아 굳히기** 반죽을 8×4cm 크기의 직사각형으로 뭉쳐 냉동실에서 30분 이상 굳힌다.

* 파이 틀에 유산지를 깔고 반죽을 꾹꾹 눌러 담아 냉동실에서 30분 이상 굳힌 뒤 칼로 잘라도 돼요.

Variation 재료를 바꿔 다양하게 즐기세요

해바라기씨, 코코넛 슬라이스, 메밀, 치아씨, 귀리 대신 호박씨, 아몬드, 현미 등 다양한 씨앗과 견과, 곡물을 넣어 만들어도 좋아요. 카카오가루를 빼고 곶감 대신 말린 크랜베리나 건살구, 말린 자두를 넣으면 새콤한 과일 에너지 바가 된답니다.

그래놀라

곡물, 견과, 말린 과일 등을 섞어 만든 그래놀라는 한 끼 식사에 필요한 영양소가 골고루 들어 있어
아침식사로 좋아요. 좋아하는 통곡물과 과일로 영양이 살아 있는 건강식을 만들어보세요.
바삭하면서 다채로운 맛을 즐길 수 있어요.

How to cook

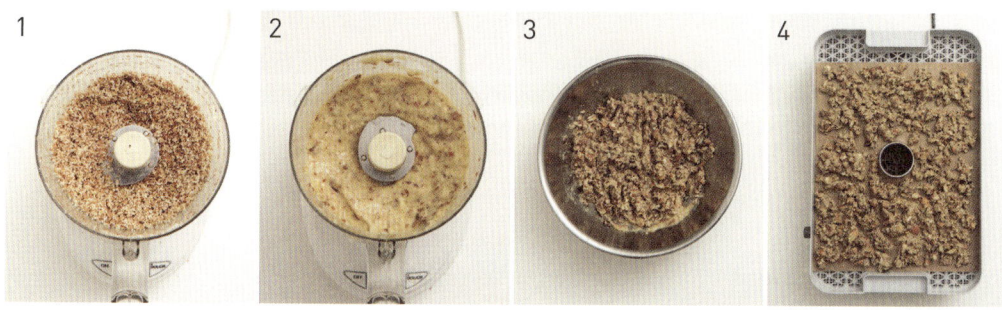

재료(2인분)

생 아몬드 1컵
생 피칸 1컵
해바라기씨 1/4컵
말린 크랜베리 2큰술
사과 1/2개
바나나 1개
곶감 2개
(또는 대추야자 7개)
메이플시럽
(또는 아가베시럽) 1큰술
레몬즙 2작은술
계핏가루 1작은술
천일염 조금

1 **견과·씨앗 갈기** 아몬드, 피칸, 해바라기씨를 물에 8시간 이상 불려 말린 뒤, 푸드 프로세서에 어슷하게 갈아 볼에 담아둔다.

2 **페이스트 만들기** 사과는 씨를 빼고, 바나나는 껍질을 벗기고, 곶감은 꼭지와 씨를 뺀 뒤, 모두 한 입 크기로 썬다. 푸드 프로세서에 손질한 재료와 메이플시럽, 레몬즙, 계핏가루를 넣어 간다.

3 **반죽 섞기** ①에 ②를 넣어 잘 섞는다.

4 **건조하기** 46℃의 식품건조기에 넓게 펼쳐 8시간 이상 말린 뒤 먹기 좋게 부순다.

* 식품건조기가 없으면 오븐을 최저온도로 맞춰 뒤집어가며 고루 말리세요. 또한 말리지 않으면 오트밀처럼 촉촉한 맛을 느낄 수 있어요. 취향에 따라 아몬드 밀크와 함께 먹어도 좋아요.

Variation 그래놀라 쿠키

아몬드, 피칸, 해바라기씨를 메밀, 귀리, 호두, 호박씨 등 다른 견과나 씨앗 2컵으로 대체해도 좋아요. 말린 크랜베리 대신 건살구, 건포도 등 다양한 말린 과일도 활용해보세요. 그래놀라 반죽을 동그랗게 뭉쳐 쿠키로 먹으면 맛있는 다이어트 간식이 돼요. 갖고 다니며 배고플 때 틈틈이 먹기에도 좋아요.

오렌지 스콘

바쁜 아침, 빵이나 시리얼로 한 끼를 대신하는 사람들이 많죠.
건강을 조금만 더 생각한다면 그린 스무디 한 잔과 함께 로푸드 스콘을 준비해보세요.
오렌지제스트가 씹혀 상큼하답니다. 촉촉한 맛과 질감에 깜짝 놀랄 거예요.

How to cook

재료(6개)

생 귀리 1½컵
곶감 2개
(또는 말린 과일 1/2컵)
오렌지즙 1큰술
오렌지제스트 2큰술
말린 크랜베리 1/4컵
생 호두 1/2컵

1 귀리·곶감·오렌지즙 갈기 생 귀리를 물에 8시간 이상 불린 뒤 물기를 완전히 빼서 푸드 프로세서에 갈다가, 곶감과 오렌지즙을 넣어 마저 간다.

* 물기를 완전히 빼지 않으면 반죽이 묽어질 수 있어요.
* 귀리 대신 현미나 메밀을 넣어도 좋아요.

2 오렌지 제스트·크랜베리·호두 섞기 볼에 ①을 담고 오렌지제스트, 말린 크랜베리, 호두를 넣어 고루 섞는다.

3 모양 빚기 반죽을 5~6등분해 6cm 지름으로 동그랗게 빚는다.

* 넓게 펼쳐서 6조각으로 잘라 한 조각씩 모양을 잡으면 삼각형 스콘을 만들 수 있어요.

4 건조하기 46℃의 식품건조기에 4시간 정도 말린다. 더 촉촉하게 만들려면 식품건조기 대신 냉장 또는 냉동실에 넣어 굳힌다.

Tip 오렌지제스트를 만들려면?

제스트는 감귤류의 껍질 중에 색깔이 있는 부분을 말해요. 향이 강해 디저트나 샐러드에 다양하게 쓴답니다. 제스터가 있으면 만들기 편하지만 없다면 다음의 방법으로 만드세요.

1 굵은 소금으로 오렌지를 깨끗이 씻는다. 끓는 물에 살짝 넣었다 꺼낸 뒤 찬물에 담가 화학물질을 없애면 더 좋다.
2 필러나 칼로 껍질을 얇게 깎는다. 흰 부분은 쓴맛이 나기 때문에 쓰지 않는다.
3 가늘게 채 썰어 냉동보관 한다.

아몬드 소스 그린 랩

녹즙이나 샐러드에 많이 쓰는 케일은 잎이 두껍고 단단해 쌈이나 말이를 만들기에 안성맞춤이에요.
아몬드 소스를 곁들여 케일로 만 그린 랩은 만들기도 쉽고 간단하고 무르지 않아 도시락을 싸기에도 좋아요.

How to cook

재료(4개)

즙 케일 2장
적양배추 1/4포기
당근 1/2개
파프리카 1개

아몬드 소스
아몬드버터 2큰술
생 발효간장 1큰술
아가베시럽 2작은술
다진 마늘 1/2작은술
레몬즙 1½큰술

1 **케일 손질하기** 케일은 심 부분을 칼로 잘라낸다(p.30 참고).

* 쌈 케일보다 잎 크기가 큰 즙 케일을 쓰세요. 칼로 심을 잘라낼 때는 잎이 찢어지지 않게 조심하고, 잎을 길이로 반 잘라 작게 랩을 싸도 좋아요.

2 **적양배추·당근·파프리카 썰기** 적양배추, 당근, 파프리카는 5cm 길이로 가늘게 채 썬다.

3 **소스 만들기** 아몬드 소스 재료를 잘 섞는다.

4 **케일에 속재료 올리기** 케일을 넓게 펼쳐 가운데에 아몬드 소스를 바르고 ②의 채소를 올린다.

5 **랩 말기** 양옆을 안으로 접고 아래에서 위로 만다. 사선으로 반 잘라 그릇에 담는다.

* 케일이 작으면 채소를 케일 위에 올리고 고깔 모양으로 말아 소스를 얹어도 좋아요.

Variation 견과, 소스로 변화를 주세요

채소 위에 생 호두나 땅콩, 아몬드 등의 견과를 잘게 부숴 넣으면 씹는 맛이 더 좋아져요. 참치 맛 스프레드(p.151 참고), 아보카도로 만드는 과카몰리(p.85 참고) 등 다양한 소스를 곁들여 즐기세요.

양파빵 샌드위치

양파빵은 로푸드 빵 중에서도 가장 사랑받는 메뉴예요. 양파에는 콜레스테롤을 줄이고 지방 분해, 소화 촉진 등 다이어트에 효과적인 케르세틴이 듬뿍 들어 있답니다. 몸에 좋고 달큰한 양파빵으로 샌드위치, 피자 등을 만들어보세요.

How to cook

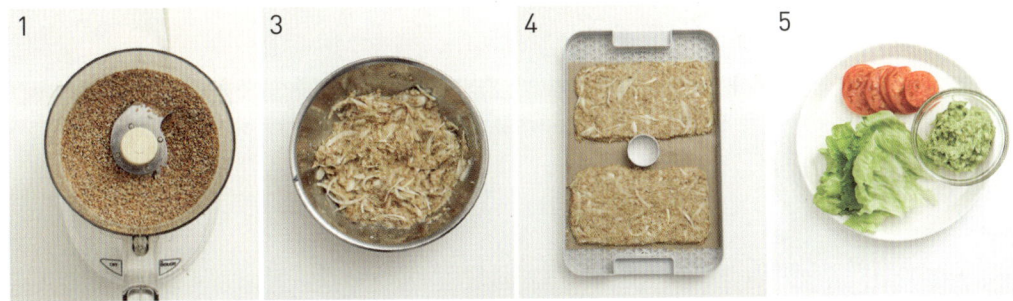

재료(4~6개)

토마토 1/2개
양상추 잎 4장

양파빵

양파 2개
아마씨 1/2컵
해바라기씨 1/2컵
생 발효간장 1큰술
올리브유 3큰술
물 6큰술

아보카도 스프레드

아보카도 1개
레몬즙 2큰술
천일염 1작은술
후춧가루 조금

1 **씨앗 갈기** 아마씨와 해바라기씨를 믹서나 푸드 프로세서에 넣어 곱게 간다.
2 **양파 손질하기** 양파 1개는 믹서나 푸드 프로세서로 갈고, 나머지 1개는 잘게 채 썬다.
3 **빵 반죽하기** 볼에 ①과 ②를 넣고 간장, 올리브유, 물을 넣어 잘 섞는다.
4 **건조하기** 반죽을 시트에 얇게 펴 46℃의 식품건조기에 10시간 말린 뒤, 뒤집어서 2시간 더 말린다. 꾸덕꾸덕하게 마르면 네모지게 자른다.
5 **토마토·양상추 준비하기** 토마토는 꼭지를 뗀 뒤 가로로 둥글게 썬다. 양상추는 찬물에 씻어 물기를 뺀 뒤 먹기 좋은 크기로 뜯는다.
6 **스프레드 만들기** 스프레드 재료를 볼에 넣고 잘 으깨어 섞는다.
7 **샌드위치 만들기** 빵에 스프레드를 바르고 토마토, 양상추를 올린 뒤 빵을 덮는다.

Tip 양파는 심장병 위험을 낮춰줘요

기름진 음식을 많이 먹는 중국인이 날씬하고 심장병에 걸리지 않는 것을 '차이니즈 패러독스라고 해요. 그 비결은 바로 '양파'에 있어요. 양파에는 성인병 예방에 효과적이며 지방의 체내 흡수를 막아 주는 케르세틴 성분과 지방합성 효소를 억제하는 아릴설파이드 성분이 많아 다이어트에 효과적이에요. 또한 폴리페놀 성분이 몸속에 쌓인 독소를 배출해주는 데도 좋아요.

Plus recipe

다양하게 쓰이는 홈메이드 소스

토마토케첩, 마요네즈, 잼 등을 로푸드로 만들어보세요. 많은 첨가물과 정제염이 들어 있는
시판 제품과 달리 재료 본연의 맛이 살아 있답니다. 생식 면이나 샐러드 드레싱 등 로푸드 요리에 써도 좋고,
채소와 생식 빵을 찍어 먹어도 맛있어요. 활용도가 높아서 만들어두면 요리가 더 즐거워져요.

어디에나 잘 어울리는 기본 소스

케첩이나 마요네즈처럼 어디에나 어울리는 소스는 로푸드에서도 다양하게 활용된다. 설탕과 기름이 잔뜩 들어간 시판 소스 대신
말린 토마토와 견과 등을 이용하면 파는 것 못지않은 맛있는 소스를 만들 수 있다.

토마토케첩

재료 토마토 2개, 말린 토마토 1컵, 곶감 1개(또는 말린 과일 1/4컵이나 아가베시럽 1큰술), 레몬즙 2큰술, 마늘 1쪽, 천일염 조금

1 **재료 갈기** 모든 재료를 믹서나 푸드 프로세서에 넣어 곱게 간다.

* 붉은 색감을 살리고 싶다면 비트 1/8개를, 매콤한 맛을 내려면 고추 1/2개나 양파 1/4개를 넣으세요.

캐슈너트 마요네즈

재료 생 캐슈너트 1컵, 올리브유 2큰술, 아가베시럽 1큰술, 레몬즙 2큰술, 물 조금, 천일염 1/4작은술

1 **재료 갈기** 모든 재료를 믹서나 푸드 프로세서에 넣어 곱게 간다.

시금치 페스토

재료 시금치 2줌, 생 호두 1/2컵, 올리브유 2큰술, 마늘 2쪽, 레몬즙 2작은술, 천일염 1작은술, 후춧가루 조금

1 **재료 갈기** 모든 재료를 믹서나 푸드 프로세서에 넣어 곱게 간다.

* 시금치 대신 깻잎을 넣으면 깻잎 페스토로, 바질 2컵과 시금치 2컵을 넣으면 바질 페스토로 즐길 수 있어요. 치즈의 풍미를 느끼고 싶다면 영양효모 2큰술을 더 넣으세요.

활용도 만점! 이색 소스

소스 하나만 바꿔도 색다른 로푸드를 즐길 수 있다. 참깨나 아몬드를 이용해 고소한 맛으로 로푸드를 한결 풍성하게 해도 좋고,
아보카도나 토마토를 이용해 멕시코풍 소스를 만들어도 좋다. 로푸드에 곁들여 식탁에 내면 다양하고 이국적인 느낌의 특별한 로푸드가 완성된다.

참깨 페이스트

재료 생 참깨 1컵, 식물성 기름 1/2컵, 천일염 1/2작은술

1 **재료 갈기** 모든 재료를 믹서나 푸드 프로세서에 넣어 곱게 간다.

* 올리브유는 특유의 향이 있어서 어울리지 않아요. 해바라기씨유, 포도씨유 등 향이 없는 식물성 기름을 쓰세요.

아몬드버터

재료 생 아몬드 2컵, 아가베시럽 1큰술, 천일염 1/2작은술

1 **재료 갈기** 모든 재료를 푸드 프로세서에 넣어 15분 이상 곱게 간다.

* 버터가 만들어지려면 시간이 오래 걸려요. 모터가 과열되면 쉬었다가 부드러워질 때까지 갈기를 여러 번 반복하세요.

과카몰리

재료 아보카도 1개, 양파 1/4개, 토마토 1/2개, 고수 1/2컵(선택), 레몬즙 1큰술, 천일염 1/2작은술

1 **아보카도 양념하기** 아보카도는 속만 발라낸 뒤 레몬즙과 천일염을 넣어 고루 섞는다.

* 천일염은 입맛에 맞게 간을 맞춰 넣으세요.

2 **재료 섞기** 다진 토마토, 양파를 ①과 함께 섞는다.

* 양파의 매운맛을 빼려면 찬물에 10분 담가두세요.

토마토 살사 소스

재료 토마토 2개, 양파 1/4개, 고수 1/4컵(선택), 레몬즙 3큰술, 천일염 1/2작은술, 후춧가루 조금

1 **재료 썰기** 토마토와 양파를 잘게 썬다. 고수는 다진다.

2 **재료 섞기** ①에 레몬즙, 천일염, 후춧가루를 입맛에 맞게 넣어 잘 섞는다.

빵과 잘 어울리는 소스

잼이나 스프레드를 미리 만들어두면 로푸드 빵이나 크래커를 찍어 먹기에 좋다. 제철 과일을 넣어 갈기만 하면
쉽게 만들 수 있고, 빵과 함께 먹으면 한 끼 식사로도 손색없는 훌륭한 소스다.

홍시 잼

재료 홍시 1개, 곶감 2개

1 **재료 갈기** 모든 재료를 믹서나 푸드 프로세서에 넣어 곱게 간다. 씹는 맛을 살리고 싶으면 거칠게 간다.

딸기 잼

재료 말린 크랜베리 1과1/2컵, 치아씨 2큰술, 물 1/2컵

1 **재료 갈기** 모든 재료를 믹서나 푸드 프로세서에 넣어 곱게 간다. 씹는 맛을 살리고 싶으면 거칠게 간다.

올리브 스프레드

재료 올리브 1컵, 아가베시럽 1큰술, 올리브유 1작은술, 후춧가루 조금

1 **재료 갈기** 모든 재료를 믹서나 푸드 프로세서에 넣어 곱게 간다. 씹는 맛을 살리고 싶으면 거칠게 간다.

아몬드치즈

재료 생 아몬드 1컵, 발아현미 1/4컵, 리쥬베락 1컵, 천일염 3/4작은술, 허브 조금

1 **재료 갈기** 아몬드, 발아현미, 리쥬베락을 믹서에 넣어 간다.

2 **거르기** 거름망에 ①을 담아 8~12시간 동안 거른다.

3 **굳히기** 거름망에 든 치즈와 천일염, 허브를 섞어 냉장고에서 12시간 이상 굳힌다.

* 스프레드처럼 발라 먹거나 원하는 모양으로 만드세요.

발아현미 리쥬베락을 만들려면?

리쥬베락(rejuvelac)은 발아시킨 곡물을 물에 발효시켜 만든 발효액을 말한다. 1980년대 자연요법과 생식주의자로 유명한 앤 위그모어 박사가 개발한 리쥬베락은 로푸드를 하는 사람들 사이에서 잘 알려진 효소수이다. 80대인 위그모어 박사가 밀싹즙과 리쥬베락를 마신 후 검은 머리가 되었다는 유명한 일화 덕분에 '젊어지는 물'이라고 불리며, 일본에서는 한때 양배추로 만든 효소수가 유행하기도 했다.

리쥬베락은 곡물을 발아하는 과정이 필요한데 주로 현미, 메밀이나 퀴노아가 사용된다. 발효되면서 유산균과 소화효소가 풍부해질 뿐 아니라 비타민 B·K·E와 단백질도 많이 들어 있어 건강과 피부미용에 탁월한 효과가 있다. 소화기능 개선을 위해 매일 식사 시간 20분 전에 마시면 좋고, 그냥 먹기 부담스럽다면 레몬이나 꿀, 과일 등을 섞어 마셔도 좋다. 치즈나 요구르트를 만들 때 활용할 수도 있다.

재료 현미 1/4컵(50g), 물 5컵

1 현미를 씻어 병에 담고 깨끗한 물을 붓는다. 천이나 거즈, 면포 등으로 병에 덮고 고무줄로 감아 공기가 통하게 한다.

2 12시간에 한 번씩, 2~3일 동안 찬물을 갈아준다.

3 발아현미가 완성되면 따로 꺼내 물 1L를 붓는다.

* 여름에는 선선하고 그늘진 장소에서 발효시키세요.

4 상온에서 24~48시간 발효시켜 기포가 올라오면 리쥬베락이 완성된 것이다.

* 쌀뜨물 같은 뿌연 색에 막걸리 같은 시큼한 향과 톡 쏘는 맛이 느껴지면 잘 만들어진 거예요.

5 완성된 리쥬베락을 따라내고 다시 물을 부어 24시간 발효시킨다. 이때는 발아현미를 씻지 않는다.

* 발아현미 1/4컵으로 물을 보충해 최대 3~4번까지 리쥬베락을 만들 수 있어요. 리쥬베락에 레몬즙을 조금 넣으면 상큼하게 즐길 수 있답니다.

Part 4 샐러드

채소가 가득 담긴 샐러드는 가볍게 먹을 수 있고 칼로리도 낮아 다이어트식으로 그만이에요.
각종 비타민과 미네랄이 풍부해 건강과 미용에도 좋지요. 달콤한 과일과 고소한 견과 등으로
맛을 낸 드레싱을 곁들여 맛있고 몸에 좋은 로푸드 샐러드를 만들어보세요.
식사를 할 때 샐러드를 먼저 먹으면, 그것만으로도 로푸드 효과를 얻을 수 있어요.

 칼로리는 낮추고 영양은 높이는 **샐러드 노하우**

샐러드 기본 테크닉

1 재료 고르기

계절에 맞는 제철 먹거리는 달고 싱싱한 본연의 맛이 좋다. 영양도 1년 중 가장 풍부해서 제철 재료만 잘 이용해도 건강을 챙길 수 있다. 샐러드에 쓰는 채소는 신선도가 생명인데, 대부분 연해서 쉽게 무른다. 또한 냉장실에 오래 두면 영양소가 파괴되고, 먹었을 때 체열을 떨어뜨려 소화와 흡수에도 방해가 된다. 고를 때는 물이 많이 묻은 잎채소는 피하고, 먹을 만큼만 산다. 남은 것은 젖은 종이타월로 싸서 밀폐용기에 넣어두면 싱싱하게 보관할 수 있다. 바로 쓰지 않을 경우 흙이 묻은 채로 신문지에 싸서 보관한다.

2 드레싱 만들기

드레싱은 미리 만들어두는 것이 좋다. 시간이 지나면 재료들이 어우러져 풍미가 살아나므로 다른 재료를 다듬기 전에 준비한다. 기름은 식초, 간장 등의 액체 재료와 잘 섞이지 않기 때문에 가루 재료가 완전히 녹지 않은 상태에서 기름을 넣으면 싱겁고 느끼해지기 쉽다. 가루 재료를 잘 녹인 다음에 넣어야 맛이 잘 어우러진다.

3 재료 씻기

잎채소는 씻어서 30분 정도 찬물에 담갔다 쓰면 채소의 아삭함이 살아나고 화학물질과 이물질도 제거된다. 단, 너무 오래 담가두면 채소의 단맛과 수용성 영양소가 빠져나가므로 주의한다. 버섯은 깨끗한 물행주로만 닦아야 맛과 향을 유지할 수 있다. 채소는 먹기 좋게 손으로 뜯는다. 칼로 썰면 비타민 등의 영양소가 파괴되고 색이 변할 수 있다.

4 물기 빼기

재료를 씻고 나면 물기를 충분히 뺀다. 물기가 많이 남아 있으면 드레싱이 묽어져 샐러드가 싱거워질 수 있다. 체에 밭치거나 샐러드 스피너(채소탈수기)를 이용하면 좋다.

5 드레싱에 버무리기

재료의 단단한 정도에 따라 드레싱에 버무리는 방법도 달라진다. 연한 잎채소는 미리 버무려두면 물러지고 풋내가 날 수 있으므로 먹기 직전에 드레싱을 뿌려 아삭함을 살린다. 반면 고구마, 비트, 옥수수, 버섯 같은 재료는 미리 드레싱에 버무려두어야 간이 잘 배 맛있다. 과일은 15분 전에 냉장고에서 꺼내놔야 단맛이 많이 난다. 재료의 온도에 조금만 신경 써도 더 맛있는 샐러드가 된다.

· Note ·

샐러드의 맛을 살리는 드레싱

- **오일 드레싱** | 재료의 맛을 잘 살려준다. 섞을 때 거품기로 충분히 섞어야 기름이 다른 재료와 잘 어우러진다. 고소한 맛과 향이 뛰어난 참기름이나 들기름은 향이 쉽게 날아가므로 마지막에 넣는다. 너무 많이 넣으면 샐러드의 풍미를 해칠 수 있으니 주의한다.

- **새콤한 드레싱** | 드레싱에 레몬즙이나 라임즙을 넣으면 샐러드의 풍미가 좋아진다. 이때 식초를 레몬즙의 반 정도 넣으면 신맛을 오래 유지할 수 있다. 레몬이나 오렌지, 라임의 껍질을 곱게 채 썰어 넣으면 씹는 맛도 더해진다.

- **달콤한 드레싱** | 어떤 재료와도 무난히 어울린다. 신맛과 단맛의 비율은 1.5~2:1이 가장 적당하다. 정제 설탕 대신 코코넛슈거나 스테비아, 아가베시럽, 메이플시럽, 생꿀을 쓴다. 생꿀은 아가베시럽이나 메이플시럽보다 달아 다른 감미료의 1/2만 사용한다. 사과, 키위, 오렌지와 같은 과일을 넣고 갈아 천연 단맛을 내도 좋다.

- **간장 드레싱** | 깔끔하고 개운하다. 간장은 은은한 감칠맛과 단맛을 두루 내는 데 유용한데, 너무 많이 넣으면 자칫 색깔이 칙칙해지므로 주의한다.

자주 쓰는 채소

Base 기본 채소

맛이 강하지 않고 담백해 기본 재료로 쓴다. 부드럽고 산뜻한 맛이 나며, 어떤 재료와도 무리 없이 잘 어울린다.

양상추 샐러드에 가장 많이 애용하는 채소로 부드럽고 단맛이 난다. 청량하고 아삭아삭한 맛이 특징이며, 차가운 물에 담가두면 더 아삭해진다.

로메인 상추·적로메인 상추 로마인들이 즐겨 먹어 로메인 상추라는 이름이 붙었다. 시원하고 수분이 많으며 쓴맛이 적다. 줄기는 아삭하며 잎은 부드럽고 고소해 샐러드에 많이 쓴다.

시금치 서양에서는 시금치를 샐러드로 많이 먹는다. 봄과 여름에 나는 것은 맛이 순하고, 겨울철에 나는 것은 맛과 향이 진하고 달달하다.

비타민 비타민이 풍부해 이름 붙은 비타민은 '다채'라고도 한다. 맛이 담백하고 순하며 모양이 예뻐 샐러드에 많이 쓴다. 겨울철에는 단맛이 더 강해진다.

청경채 중국 배추의 일종으로 연하고 특별한 향이나 맛이 없어 드레싱의 맛을 살리기 좋다. 즙이 많고 부드러우며 떫은맛이 거의 없다.

Spicy 매콤 쌉쌀한 채소

쌉쌀하고 매콤한 맛이 식욕을 돋운다. 기본 채소와 함께 쓰면 풍미가 더해지고 입안도 개운해진다.

치커리·레드치커리 인티빈이란 성분 때문에 쌉쌀한 맛이 나며 소화에도 도움을 준다. 수분이 적고 쓴맛이 나 부드러운 맛의 양상추와 잘 어울린다.

트레비소 이탈리아 트레비소 지방에서 많이 생산되어 붙여진 이름이다. '적치콘'이라고도 불리는 치커리의 한 종류로, 은은한 쓴맛과 아삭함이 특징이다.

겨자잎 겨자열매가 열리기 전에 나는 잎으로 푸른잎은 '청겨자', 붉은 잎은 '적겨자'라고 한다. 매운맛과 매운 향기가 나며, 톡 쏘는 맛이 식욕을 자극한다.

루콜라 '아루굴라' 또는 '로켓'으로도 불리는 루콜라는 이탈리아 요리에 많이 쓰는 채소다. 고소하면서도 쌉쌀한 맛과 향이 열무와 비슷하다.

라디치오 레드치커리가 자라 포기를 맺은 것으로 쓴맛과 단맛이 모두 난다. 잎이 둥글고 하얀 잎줄기와 붉은 잎의 조화가 예뻐 샐러드에 색감을 내기 좋다.

Crunchy 아삭한 채소

아삭아삭한 채소들은 씹는 맛이 좋아 먹는 즐거움을 더해준다. 잘게 썰어 토핑으로 올려도 좋다.

양배추·적양배추 아삭하고 단맛이 나는 양배추는 식이섬유가 많고 위궤양에도 효과적이다. 적양배추는 샐러드의 색감을 살려준다.

브로콜리·콜리플라워 비타민 C가 풍부한 브로콜리와 콜리플라워는 아작아작 씹는 느낌이 좋다. 송이 사이로 드레싱이 스며들어 맛이 좋다.

파프리카 화려한 색깔만큼 영양도 풍부한 파프리카는 달큰한 맛이 강한 채소다. 잘게 썰어 샐러드 위에 뿌리면, 모양도 예쁘고 씹는 맛도 한층 좋아진다.

오이 수분이 많고 아삭아삭해 시원한 오이는 대표적인 여름 채소다. 무른 오이는 쓴맛이 강하므로 단단하고 싱싱한 오이를 쓴다.

셀러리 수분이 많고 씹는 맛이 좋지만 향이 강하다. 캐슈너트마요네즈 같은 드레싱을 곁들이면 잘 어울린다.

당근·비트·래디시 뿌리채소인 당근, 비트, 래디시는 아삭한 맛과 씹을수록 퍼지는 단맛이 좋다. 예쁜 색깔이 식욕을 자극해 토핑 재료로 많이 쓴다.

그리스풍 믹스 샐러드

간단한 재료로 담백하고 특별하게 즐기는 샐러드예요.
오이와 토마토에 그리스의 대표 재료인 올리브를 더해 씹는 맛을 살렸어요. 신선한 채소에
향긋한 올리브유와 레몬즙이 어우러진 이국적 풍미를 느껴보세요.

How to cook

1 2 3 4

재료(2인분)

적상추 5장
로메인 상추 5장
오이 1/2개
토마토 1개
양파 1/2개
블랙 올리브
(또는 그린 올리브) 7개

올리브유 드레싱

올리브유 2큰술
레몬즙 2큰술
다진 이탈리안 파슬리 1큰술
소금 1/2작은술
후춧가루 조금

1 **잎채소 손질하기** 적상추와 로메인 상추를 깨끗이 씻어 먹기 좋은 크기로 뜯는다.

2 **부재료 썰기** 오이는 길게 반 갈라 0.6cm 두께로 썰고, 토마토는 꼭지를 떼고 8등분한다. 양파는 가늘게 채 썰고, 올리브는 반 갈라 씨를 뺀다.

3 **드레싱 만들기** 드레싱 재료를 잘 섞는다.

* 이탈리안 파슬리 대신 딜, 바질, 민트 등의 생 허브나 마른 허브 1큰술을 넣어도 좋아요.

4 **버무리기** 볼에 잎채소와 오이, 토마토, 양파, 올리브, 드레싱을 넣어 골고루 버무린다.

Tip 올리브는 왜 생으로 볼 수 없을까요?

지중해 연안에서 많이 나는 올리브는 나무에서 딸 때는 밝은 연둣빛인데, 그 후 익으면서 검어져요. 쓴맛이 나서 그대로 먹기 어려워, 소금물에 유산 발효시킨 뒤 향신료와 조미료를 넣고 병조림해 판답니다. 올리브의 짠맛이 싫다면 깨끗한 물에 하루 동안 불린 뒤 새 물과 통마늘, 허브를 넣으세요. 훨씬 더 신선한 풍미를 느낄 수 있어요.

오리엔탈 케일 샐러드

쌈이나 녹즙으로 많이 먹는 케일은 비타민 C가 오렌지보다 많고, 칼슘이 우유보다 많아요.
비타민 A와 오메가-3지방산도 풍부하죠. 쌉싸름한 맛이 강한데
올리브유에 조물거려 간장 드레싱을 곁들이면 우리 입맛에 잘 맞아요.

How to cook

재료(2인분)
케일 15장
말린 토마토 1/2컵
올리브유 1/2큰술

올리브유 드레싱
생 발효간장 2작은술
다진 마늘 1작은술
참기름 1작은술
참깨 1작은술

1 **케일 손질하기** 케일을 찬물에 씻어 물기를 뺀 뒤, 잎 부분만 한 입 크기로 뜯는다.

2 **말린 토마토 썰기** 말린 토마토를 반으로 썬다.

* 말린 토마토는 육포 같은 맛이 나 로푸드 요리에서 고기 대신 많이 써요.

3 **오일 마사지하기** 케일에 올리브유를 넣고 고루 비빈다.

4 **드레싱 만들기** 드레싱 재료를 잘 섞는다.

5 **버무리기** 볼에 케일과 말린 토마토를 넣고 섞은 뒤, 드레싱을 넣고 버무린다.

* 케일 샐러드를 식품건조기에서 말리면 맛있는 케일 칩이 돼요.

Tip 케일을 오일 마사지하면 맛이 좋아져요

채소를 올리브유나 참기름 등에 숨이 죽을 때까지 조물조물 주무르는 것을 오일 마사지라고 해요. 케일과 같이 질긴 잎을 오일 마사지하면 섬유질과 세포벽이 파괴돼 소화가 잘 되고 색은 선명해지지요. 맛이 순해지고 쓴맛이 줄어 풍미도 좋아진답니다.

당근 드레싱 양상추 샐러드

아삭아삭한 양상추에 당근 드레싱을 뿌리고 당근절임을 올려 포인트를 주었어요.
당근의 향긋하고 달콤한 맛이 살아 있는 당근절임은 샐러드뿐 아니라 샌드위치에 넣거나 반찬으로 먹어도 좋아요.

How to cook

재료(2인분)
양상추 잎 5장
어린잎채소 1/2줌

당근절임
당근 1/2개
천일염 1작은술
코코넛슈거
(또는 비정제 설탕) 1작은술
올리브유 1/2작은술

당근 드레싱
당근 1/2개
양파 1/4개
생 발효간장 2큰술
생 사과식초 4큰술
물 2큰술
올리브유 2큰술
아가베시럽 3큰술
천일염 조금

* 코코넛슈거는 코코넛팜 나무에서 수액을 채취해 가열, 건조해 만든 천연 식품이에요. 화학적 제조 과정을 거치지 않은 비정제 설탕이라 정제설탕 대용으로 사용하면 좋아요.

1 **양상추·어린잎채소 손질하기** 양상추와 어린잎채소를 깨끗이 씻어 먹기 좋은 크기로 뜯는다.

2 **당근 절이기** 당근을 줄리엔 필러로 가늘게 채 친다. 비닐봉지에 채 친 당근과 소금을 넣고 비벼 10분간 절인다.

3 **당근절임 무치기** 절인 당근을 손으로 꽉 짠 뒤 종이타월로 물기를 제거한다. 코코넛슈거와 올리브유를 넣고 고루 무친다.

* 당근의 양에 따라 소금:코코넛슈거:올리브유의 비율을 2:2:1로 조절하세요.

4 **드레싱 만들기** 당근과 양파를 한 입 크기로 썬 뒤, 모든 재료를 믹서에 넣어 곱게 간다.

5 **드레싱 끼얹기** 양상추와 어린잎채소를 섞어 그릇에 담은 뒤, 당근절임을 올리고 드레싱을 끼얹는다.

Tip **양상추는 손으로 뜯으세요**

양상추는 칼이 닿으면 색이 빠르게 변하기 때문에 반드시 손으로 뜯으세요. 심지 쪽이 위로 향하게 놓고 양손을 포개 올려 순간적으로 누르면 심지를 쉽게 뽑을 수 있어요.

말린 과일 자몽 샐러드

고소한 견과와 쫀득쫀득한 무화과를 넣어 씹는 맛을 더한 샐러드예요.
시트러스 과일 중에서도 새콤하고 쌉쌀한 맛이 좋은 자몽은 나린진이란 물질이 몸속 지방을 태워 다이어트에 좋아요.

How to cook

재료(2인분)

라디치오 4장
치커리 2줄기
로메인 상추 4장
적로메인 상추 4장
자몽 1개, 건무화과 3개
생 호두 4개

발사믹 드레싱
발사믹식초 1큰술
올리브유 1큰술
아가베시럽 1작은술
천일염 1/2작은술

1 **채소 손질하기** 라디치오, 치커리, 로메인 상추와 적로메인 상추를 찬물에 씻어 물기를 뺀 뒤 한 입 크기로 뜯는다.

2 **자몽·건무화과·호두 손질하기** 자몽은 껍질을 두껍게 벗겨 과육만 발라낸다. 건무화과는 길게 채 썰고, 호두는 굵게 다진다.

* 자몽 대신 오렌지나 귤을, 건무화과 대신 다른 말린 과일을, 호두 대신 피칸이나 아몬드를 넣어도 좋아요.

3 **드레싱 만들기** 드레싱 재료를 잘 섞는다.

4 **드레싱 끼얹기** 그릇에 채소와 자몽, 건무화과, 호두를 담고, 먹기 직전에 드레싱을 끼얹는다.

* 드레싱을 미리 뿌리면 자몽에 발사믹식초의 색깔이 배서 보기 안좋아요. 먹기 직전에 뿌리세요.

Tip 신선한 자몽을 고르려면?

새콤달콤하면서 쌉쌀한 맛이 일품인 자몽은 식욕을 억제하고 지방 연소를 도와 다이어트 과일로 으뜸이에요. 자몽을 살 때는 동그랗고 껍질이 탱탱하며 묵직한 것을 고르세요. 특히 여름에는 바람이 들기 쉬우니 꼭 들어보고 무거운 것을 고르세요.

스파이시 메밀 샐러드

중동의 대표 샐러드인 타불레에서 착안해 싹 틔운 메밀과 매콤한 겨자잎으로 샐러드를 만들어보았어요.
고소한 메밀과 알싸한 겨자잎, 감칠맛을 더해주는 토마토와 양파까지 넣어 한 끼 식사로도 든든하답니다.

How to cook

재료(2인분)

메밀 1/2컵
겨자잎 10장
토마토 1개
양파 1/4개

레몬 드레싱
레몬즙 1/4컵
올리브유 2작은술
천일염 조금

1 **메밀 싹 틔우기** 메밀을 6시간 불려 끈기가 없어질 때까지 헹군 뒤, 채반에 펼쳐 햇볕에서 싹을 틔운다.

* 메밀을 싹 틔우는 방법은 p.32를 참고하세요.

2 **겨자잎 손질하기** 겨자잎을 돌돌 말아 가늘게 채 썬다.
3 **토마토·양파 썰기** 토마토와 양파는 가로세로 1cm로 깍둑썰기 한다.
4 **드레싱 만들기** 드레싱 재료를 살 섞는다.
5 **버무리기** 볼에 모든 재료와 드레싱을 넣고 버무린다.

Variation 타불레 ──────────────

겨자잎 대신 같은 양의 파슬리를 넣고, 메밀 대신 대마씨나 퀴노아를 불려 넣으면 중동식 샐러드인 타불레로 즐길 수 있어요. 파슬리의 강한 향이 다른 재료와 어우러져 독특한 풍미와 산뜻한 맛이 나요.

사과 비트 샐러드

진홍빛이 입맛을 돋우는 비트는 풍부한 철분이 조혈 작용과
빈혈 예방에 효과적이어서 여자에게 특히 좋아요.
사과와 함께 먹으면 새콤한 맛이 잘 어우러져 드레싱 없이도
맛있답니다. 눈으로 한 번, 입으로 또 한 번,
색다른 샐러드를 즐겨보세요.

How to cook

재료(2인분)

사과 1/2개
비트 1개
생 사과식초 1작은술
천일염 1/2작은술
애플민트 조금(선택)

레몬 드레싱

레몬즙 1큰술
올리브유 1작은술

1 **비트·사과 썰기** 비트를 찬물에 씻어 껍질을 벗기고 6cm 길이로 가늘게 채 썬다. 사과는 찬물에 씻어 껍질째 가늘게 채 썬다.

2 **비트·사과 절이기** 비트와 사과를 생 사과식초와 천일염에 버무려 5~10분간 절인다.

3 **버무리기** 절인 비트와 사과에 레몬즙과 올리브유를 넣고 섞어 그릇에 담는다. 애플민트를 잘게 다져 뿌린다.

Tip **비트는 속까지, 래디시는 겉만 빨개요**

비트와 래디시는 둘 다 붉은색 뿌리채소라서 헷갈리기 쉽지만, 쓰임새가 다르니 알아두세요. 비트는 보통 주먹 크기로 겉뿐 아니라 속까지 자줏빛을 띠어요. 색이 예뻐 즙을 내거나 생으로 썰어 먹고, 다른 재료와 섞으면 다른 재료까지 빨갛게 물들여 천연색소로도 쓰이죠. 작은 무를 연상시키는 래디시는 뿌리의 지름이 500원짜리 동전만 하며, 겉은 빨갛지만 속은 하얘요. 아삭아삭해서 김치를 담그거나 샐러드에 넣으면 좋아요.

버섯불고기 샐러드

로푸드 요리에서 고기 맛을 내기 가장 좋은 재료가 바로 버섯이에요.
간장 드레싱에 절여 채소와 함께 먹으면 불고기가 부럽지 않답니다.
볶지 않아 버섯의 향이 그대로 살아 있는 버섯불고기 샐러드. 다양한 버섯으로 만들어보세요.

How to cook

재료(2인분)

표고버섯 8개
팽이버섯 1/2봉지(80g)
적상추 1/2줌
치커리 1/2줌
양파 1/4개

버섯 양념

생 발효간장 2큰술
배(또는 사과) 1/2개
다진 마늘 1작은술
참기름 1큰술
올리브유 1큰술
천일염 조금
후춧가루 조금

씨겨자 드레싱

씨겨자 1큰술
아가베시럽 1작은술
생 사과식초 1작은술
올리브유 1작은술

1 **버섯 손질하기** 표고버섯은 기둥을 자르고 가늘게 채 썬다. 팽이버섯은 밑동을 자르고 반으로 썬다.

2 **버섯 양념하기** 버섯 양념을 믹서에 넣어 곱게 간다. 볼에 버섯과 양념을 넣고 잘 섞어 15분 이상 맛이 배게 둔다.

3 **채소 손질하기** 적상추와 치커리는 잘 씻어 한 입 크기로 뜯는다. 양파는 껍질을 벗기고 가늘게 채 썰어 찬물에 담가둔다.

4 **드레싱 만들기** 드레싱 재료를 잘 섞는다.

5 **버무리기** 채소를 씨겨자 드레싱에 버무려 그릇에 담고 ②의 버섯불고기를 곁들인다.

Tip 시금치를 넣어도 맛있어요

적상추, 치커리와 같은 쌈채소 대신 시금치나 루콜라를 넣어도 좋아요. 시금치는 길이가 짧고 뿌리가 붉은 포항초와 길이가 긴 하우스 재배 시금치로 나뉘는데, 포항초가 더 달고 부드러워서 샐러드에 알맞아요.

Variation 브로콜리 버섯조림

브로콜리 1/2개를 송이만 떼어 버섯과 함께 버섯 양념에 버무려 먹으면 짭조름하게 조림처럼 즐길 수 있어요.

쌈장 드레싱 숙주 샐러드

녹두를 발아시켜 키운 숙주는 비타민 B_6와 아스파라긴산이 풍부해 간 건강에 좋아요. 생 숙주를 쌈장 드레싱에 버무리면 피시소스나 굴소스 없이도 아삭하고 칼칼한 동남아풍 샐러드를 만들 수 있어요.

How to cook

재료(2인분)

숙주 2줌
상추 1/2줌
적상추 1/2줌

쌈장 드레싱
된장 1/2큰술
고추장 1/4큰술
아가베시럽 1/2큰술
생 사과식초 1/2작은술
물 1큰술
다진 마늘 1작은술
고춧가루 1작은술
참기름 1큰술

1 **숙주 손질하기** 숙주는 꼬리를 다듬고 찬물에 헹궈 물기를 충분히 뺀다.
2 **상추·적상추 손질하기** 잎채소는 깨끗이 씻어 물기를 빼고 한 입 크기로 뜯는다.
3 **드레싱 만들기** 드레싱 재료를 잘 섞는다.
4 **버무리기** 볼에 숙주와 잎채소를 넣어 섞은 뒤, 드레싱을 넣고 버무린다.

Tip 숙주는 뿌리가 투명한 걸 고르세요

숙주는 줄기가 굵고 싱싱하며 윤기가 나고 뿌리가 투명한 것을 고르세요. 머리 부분의 깍지를 골라내고 꼬리 부분의 지저분한 것만 떼서 손질하는데, 오래된 숙주일수록 깍지가 까맣답니다. 손질한 숙주는 물에 흔들어 씻은 뒤 체에 받쳐 물기를 빼서 쓰세요.

들깨초 우엉 샐러드

특유의 향과 아작아작한 맛이 일품인 우엉은 이눌린이 풍부해 신장기능에 좋아요. 항산화 작용이 뛰어난 들깨초 드레싱은 고소하면서도 새콤해서 우엉의 향과 잘 어우러진답니다. 반찬으로도 좋은 우엉 샐러드로 로푸드 생활을 즐겨보세요.

팽이버섯 샐러드

야들야들하고 부드러운 팽이버섯을 샐러드로 즐겨보세요. 아삭한 오이와 달큰한 파프리카를 더하고 레몬 양파 드레싱에 버무려 상큼하고 고소한 맛이 일품입니다. 샐러드뿐 아니라 반찬으로도 좋아요.

How to cook

들깨초 우엉 샐러드

재료(2인분)
우엉 1대
부추 1/2줌
식초 1작은술

들깨초 드레싱
생 들깨
(또는 들깨가루) 1큰술
생 발효간장 1큰술
생 사과식초 1/2큰술
아가베시럽 1큰술
올리브유 1큰술

1 **우엉·부추 손질하기** 우엉은 찬물에 씻어 껍질을 벗기고 가늘게 채 썬 뒤, 식초를 탄 물에 담가둔다. 부추는 찬물에 씻어 5cm 길이로 썬다.

* 줄리엔 필러로 연필 깎듯이 어슷하게 채 쳐도 돼요.

2 **드레싱 만들기** 드레싱 재료를 잘 섞는다.

3 **버무리기** 볼에 우엉과 부추, 드레싱을 넣어 버무린다.

* 드레싱에 버무려 5분 이상 두면 숨이 죽고 양념이 배어 더 맛있어요.

팽이버섯 샐러드

재료(2인분)
팽이버섯 1봉지(약 150g)
오이 1토막(5cm)
미니 파프리카 2개

레몬 양파 드레싱
레몬즙 1큰술
생 사과식초 1큰술
아가베시럽 1큰술
다진 양파 2큰술
천일염 조금

1 **팽이버섯·오이·파프리카 손질하기** 팽이버섯은 밑동을 잘라내고 반으로 썬 뒤 적당히 뜯는다. 오이와 파프리카는 5cm 길이로 채 썬다.

2 **드레싱 만들기** 드레싱 재료를 잘 섞는다.

3 **버무리기** 볼에 팽이버섯과 오이, 파프리카, 드레싱을 넣어 버무린다.

리코타치즈 샐러드

로푸드 요리에서는 고기나 유제품, 치즈와 같은 식품들을 쓰지 않아요. 치즈가 생각날 때는 견과로 만든 로푸드 치즈를 곁들여보세요. 만들기도 쉽고, 샐러드에 넣으면 단백질이 보충돼 영양 면에서도 좋아요.

How to cook

1 2 3

재료(2인분)

루콜라 2줌
방울토마토 6개
말린 크랜베리 1/4컵
생 아몬드 2알

리코타치즈

생 캐슈너트 1컵
레몬즙 2큰술
생 사과식초 1/2작은술
아가베시럽 1큰술
마늘 1쪽

오렌지 드레싱

오렌지즙 2큰술
올리브유 1큰술
천일염 1/2작은술
후춧가루 조금

1 **루콜라·방울토마토 손질하기** 루콜라는 깨끗이 씻어 뿌리를 잘라낸 뒤 2~3등분한다. 방울토마토는 찬물에 깨끗이 씻어 꼭지를 떼고 반으로 썬다.

2 **리코타치즈 만들기** 리코타치즈 재료를 푸드 프로세서나 믹서로 간다.

* 너무 오래 갈면 견과에서 기름이 나오니까 주의하세요.

3 **드레싱 만들기** 드레싱 재료를 잘 섞는다.

4 **드레싱 끼얹기** 그릇에 루콜라와 방울토마토를 담고 드레싱을 끼얹는다. 리코타치즈를 올리고 말린 크랜베리와 아몬드를 잘게 다져 뿌린다.

Variation 다양한 로푸드 치즈

- 생 사과식초 1/2작은술 대신 순한 된장 1/2큰술이나 미소(일본 된장) 1큰술을 넣으면 짭조름한 맛의 로푸드 치즈를 만들 수 있어요.
- 캐슈너트 대신 잣 1/2컵과 생 호두 1/2컵이나 마카다미아 1컵을 넣어도 좋아요. 마카다미아를 넣으면 더 크리미한 치즈가 된답니다.
- 로푸드 치즈에 오레가노, 파슬리, 바질 등의 허브를 1/2컵 다져 넣어도 좋아요.

시저 샐러드

아삭아삭한 로메인 상추가 맛있는 인기 샐러드예요. 해바라기씨와 참깨, 미소로 만든 로푸드 시저 드레싱을 곁들이면 별다른 토핑 없이도 매력적인 샐러드가 완성돼요. 로푸드 파스타와 함께 먹으면 좋아요.

How to cook

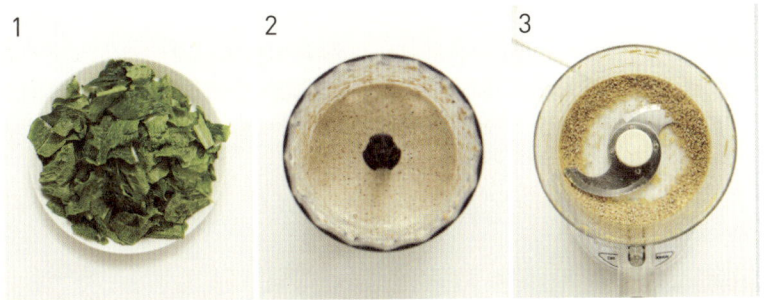

재료(2인분)
로메인 상추 10장

시저 드레싱
생 해바라기씨 1/4컵
참깨 1/8컵
마늘 1쪽
물 1/2컵
생 사과식초 1큰술
미소(일본 된장) 1작은술
생 발효간장 1/2작은술
아가베시럽 1작은술
후춧가루 조금

치즈가루
생 해바라기씨 1/8컵
영양효모 플레이크
1큰술(선택)

1 **로메인 상추 손질하기** 로메인 상추는 잎을 한 장씩 떼어 씻은 뒤 먹기 좋은 크기로 뜯는다.

2 **드레싱 만들기** 드레싱 재료를 믹서에 넣어 곱게 간다.

* 너무 오래 갈면 해바라기씨와 참깨에서 기름이 나오니까 주의하세요.

3 **치즈가루 만들기** 치즈가루 재료를 푸드 프로세서나 믹서로 간다.

4 **드레싱 끼얹기** 그릇에 로메인 상추를 담고 시저 드레싱을 고루 끼얹은 뒤 치즈가루를 뿌린다.

Tip 치즈 대용으로 좋은 영양효모

영양효모(nutritional yeast)는 사탕수수와 사탕무 당밀 혼합물에서 만들어진 효모를 살균 건조해 가루나 플레이크로 만든 거예요. 비타민 B군과 미네랄이 풍부해 외국에선 채식주의자들이 치즈 대용으로 즐겨 먹지요. 짭조름한 풍미가 좋아 샐러드에 뿌리거나 로푸드 파스타, 견과 마요네즈 소스에 넣으면 좋아요. 미소나 된장, 간장으로도 영양효소와 비슷한 맛을 낼 수 있어요.

참깨 소스 브로콜리 샐러드

아작아작한 브로콜리는 항암식품으로 유명할 뿐 아니라,
비타민 C가 풍부해 피부미용에도 좋아요. 고소한 참깨에 쫀득쫀득한 건포도를 더해
씹는 맛까지 더한 특별한 샐러드랍니다.

How to cook

재료(2인분)

브로콜리 1개
미니 파프리카 5개
(또는 파프리카 1개)
건포도
(또는 말린 크랜베리) 1/4컵

참깨 드레싱

생 참깨 1/2컵
올리브유 1½큰술
레몬즙 1큰술
다진 마늘 1/2큰술
아가베시럽 1큰술
물 1/3컵

1 **브로콜리 손질하기** 브로콜리를 송이송이 잘라서 찬물에 씻어 물기를 충분히 뺀 뒤, 푸드 프로세서나 칼로 잘게 다진다.

* 브로콜리는 농약이 많이 묻어 있고 송이 사이사이를 꼼꼼히 씻기가 쉽지 않아요. 식초 1~2큰술이나 베이킹파우더 3~4큰술을 푼 물에 담갔다 씻으면 깨끗하게 씻을 수 있어요.

2 **파프리카 썰기** 파프리카를 찬물에 잘 씻은 뒤, 반 갈라 씨를 빼고 가로세로 1cm 크기로 썬다.

3 **드레싱 만들기** 드레싱 재료를 믹서에 넣고 부드러워질 때까지 간다.

4 **버무리기** 볼에 브로콜리, 파프리카, 건포도를 넣어 섞은 뒤, 드레싱을 넣고 버무린다.

* 브로콜리에 양념이 잘 배도록 드레싱에 버무려 5분 정도 두세요.

Variation 아몬드 참깨 드레싱

참깨 드레싱에 견과를 더하면 마요네즈를 넣은 것처럼 더 고소하고 크리미한 맛이 나요. 생 아몬드 1/4컵, 생 참깨 2큰술, 물 1/3컵, 생 사과식초 1½큰술, 아가베시럽 1½큰술, 천일염 조금을 섞으면 돼요.

후무스 찹 샐러드

중동의 대표 음식 후무스는 원래 병아리콩으로 만드는
소스로, 크래커나 채소를 찍어 먹거나 샐러드, 샌드위치에
넣어 먹어요. 애호박으로 만든 로푸드 후무스는
크림치즈처럼 부드러운 질감의 알싸한 건강 드레싱이에요.
양상추와 오이, 파프리카를 넣어 씹는 맛까지 더했어요.

How to cook

재료(2인분)

양상추 1/4포기
파프리카 1/2개
오이 1/2개
적양파 1/2개

후무스 드레싱

애호박 1개
참깨페이스트 2큰술
레몬즙 2큰술
올리브유 1큰술
마늘 1개
천일염 조금
쿠민 1작은술(선택)

1 **양상추 손질하기** 양상추를 한 장씩 떼어 3cm 크기로 작게 뜯는다.

2 **파프리카·오이·양파 썰기** 파프리카는 씨를 빼고 가로세로 2cm 크기로 썰고, 오이는 길게 4등분해 같은 크기로 썬다. 양파도 껍질을 벗겨 같은 크기로 썬다.

3 **드레싱 만들기** 애호박을 껍질 벗겨 갈기 쉽게 썬 뒤, 드레싱 재료를 믹서에 넣어 곱게 간다.

* 참깨 페이스트(타히니 페이스트)는 p.85를 참고해 직접 만들어보세요.

4 **버무리기** 볼에 준비한 채소를 담고 후무스 드레싱을 뿌려 섞는다.

Tip **쿠민으로 이국적인 맛을 즐기세요**

쿠민은 작은 볍씨 모양의 미나리과 향신료로, 갈아서 가루로 쓰기도 해요. 쌉쌀하면서도 달콤하고 톡 쏘는 맛과 향이 특징이며 그리스, 터키, 인도, 아랍 요리에 빠지지 않는 향신료랍니다. 특히 로푸드 요리에서 고기 요리의 향을 내는 데 유용해요. 요즘에는 온라인 쇼핑몰이나 백화점 수입식품 매장에서 쉽게 구할 수 있어요.

콘 샐러드

지방 함량이 적고 식이섬유가 풍부한 옥수수를 생으로 넣어 샐러드를 만들어보세요. 맛은 물론 톡톡 터지는 재미까지 더해준답니다. 몸에 좋으면서 담백한 옥수수의 참맛을 즐길 수 있어요.

콜슬로

네덜란드어로 '차가운 양배추'란 뜻인 콜슬로는 위 건강에 좋은 양배추로 만든 샐러드예요. 깻잎과 견과를 더하고 가벼운 드레싱을 곁들여 씹을 때마다 고소하고 향긋한 풍미가 입안에 가득하답니다.

How to cook

콘 샐러드

재료(2인분)

생 옥수수 1개
오이 1/2개
양파 1/4개
파프리카 1/2개

마요네즈 드레싱
생 캐슈너트 1/2컵
올리브유 1큰술
물 2큰술
레몬즙 1½큰술
아가베시럽 1큰술
천일염 조금
후춧가루 조금

1 **옥수수 손질하기** 옥수수는 껍질을 벗기고 칼로 겉면을 긁어 알갱이만 발라낸다.
2 **오이·양파·파프리카 썰기** 오이, 양파, 파프리카를 가로세로로 1cm 크기로 썬다. 양파는 찬물에 담가 아린 맛을 뺀다.
3 **버무리기** 드레싱 재료를 믹서에 넣고 부드러워질 때까지 간다. 볼에 옥수수, 오이, 양파, 파프리카를 넣고 섞은 뒤, 드레싱을 넣고 버무린다.

콘 샐러드

콜슬로

콜슬로

재료(2인분)

양배추 1/5포기
적양배추 1/5포기
깻잎 3장
생 캐슈너트
(또는 생 아몬드) 5알
천일염 1작은술

콜슬로 드레싱
생 사과식초 1큰술
올리브유 1큰술
아가베시럽 1큰술
천일염 1/2작은술
후춧가루 조금

1 **양배추·적양배추 절이기** 양배추와 적양배추를 찬물에 씻어 채 썬 뒤, 천일염을 뿌려 5~10분간 절인다. 절인 양배추는 물에 헹궈 물기를 꼭 짠다.
2 **깻잎 썰기** 깻잎은 찬물에 씻은 뒤 돌돌 말아 가늘게 채 썬다.
3 **버무리기** 볼에 양배추와 깻잎을 넣어 섞은 뒤, 드레싱을 넣고 버무린다. 그릇에 담고 캐슈너트를 잘게 다져 뿌린다.

Variation 콜슬로 & 콘 샐러드 김말이

콜슬로와 콘 샐러드는 냉장고에서 1시간 이상 숙성시켜야 드레싱이 잘 배어 더 맛있어요. 생김에 콜슬로와 콘 샐러드를 싸서 먹으면 아삭아삭하고 맛도 잘 어울려 한 끼 식사로 그만이에요.

part 4 샐러드

Plus recipe

알아두면 편리한 드레싱

싱그러운 샐러드 한 접시는 한 끼 식사로도, 곁들이 메뉴로도 제격이에요.
여러 가지 로푸드 드레싱을 알아두면 원하는 대로 채소와 드레싱을 골라 나만의 샐러드를 만들 수 있답니다.
색다르고 다양하게 즐길 수 있는 로푸드 드레싱을 소개합니다.

다이어트에 안성맞춤인 기본 드레싱

기름과 식초를 기본으로 해 재료 본연의 맛을 살려준다. 양파나 레몬제스트, 주스 펄프를 다져 넣으면
씹는 맛과 풍미가 좋아진다. 양상추나 로메인 상추 같은 연한 채소와 잘 어울린다.

레몬 드레싱

발사믹 드레싱

씨겨자 드레싱

오리엔탈 드레싱

레몬 드레싱

재료 올리브유 2큰술, 레몬즙 2큰술, 다진 양파 1큰술, 생꿀 2작은술, 천일염 1/2작은술, 후춧가루 조금

1 재료 섞기 볼에 재료를 넣어 잘 섞는다.

발사믹 드레싱

재료 올리브유 2큰술, 발사믹식초 2큰술, 다진 마늘 1큰술, 아가베시럽 1큰술, 천일염 1/2작은술, 후춧가루 조금

1 재료 섞기 볼에 재료를 넣어 잘 섞는다.

씨겨자 드레싱

재료 올리브유 2큰술, 레몬즙 2큰술, 씨겨자 2작은술, 생꿀 1큰술, 천일염 1/2작은술

1 재료 섞기 볼에 재료를 넣어 잘 섞는다.

오리엔탈 드레싱

재료 생 발효간장 1큰술, 생 사과식초 1큰술, 아가베시럽 1큰술, 참기름 1큰술, 통깨 1큰술

1 재료 섞기 볼에 재료를 넣어 잘 섞는다.

과일과 채소를 더한 상큼 드레싱

제철 과일과 채소를 다지거나 갈아 넣어 신선하고 색감이 살아 있으며 단맛과 신맛이 자연스럽다.
오렌지나 자몽과 같은 시트러스류를 넣으면 새콤한 맛이 좋고 수박이나 멜론과 같은 과일을 넣으면 청량감이 든다.

사과 드레싱

재료 사과 1/4개, 양파 1/4개, 올리브유 5큰술, 레몬즙 2큰술, 아가베시럽 1큰술, 천일염 조금

1 재료 섞기 믹서에 올리브유를 뺀 나머지 재료를 넣고 간 뒤, 올리브유를 넣어 마저 섞는다.

토마토 드레싱

재료 토마토 1개, 올리브유 2큰술, 생 사과식초 1큰술, 레몬즙 1큰술, 아가베시럽 1½큰술, 천일염 1/2작은술, 후춧가루 조금

1 재료 섞기 토마토를 잘게 다진 뒤, 볼에 모든 재료를 넣어 잘 섞는다.

키위 드레싱

재료 키위 1개, 올리브유 1½큰술, 생 사과식초 1큰술, 아가베시럽 1/2큰술, 천일염 조금, 후춧가루 조금

1 재료 섞기 믹서에 올리브유를 뺀 나머지 재료를 넣고 간 뒤, 올리브유를 넣어 마저 섞는다.

베리 드레싱

재료 베리류 1/2컵, 올리브유 1큰술, 생 사과식초 1큰술, 아가베시럽 1작은술, 물 1작은술

1 재료 섞기 믹서에 올리브유를 뺀 나머지 재료를 넣고 간 뒤, 올리브유를 넣어 마저 섞는다.

한국인 입맛에 딱 맞는 장 드레싱

생 발효간장이나 고추장, 된장, 고춧가루와 같은 재료는 개운하고 깊은 맛이 나서 드레싱에 넣으면 샐러드를 겉절이처럼 먹을 수 있다.
생강, 고추, 마늘과 같은 향신 채소를 다져 넣으면 더 깔끔한 맛이 나고, 생 들기름이나 참기름을 넣으면 감칠맛이 좋아진다.

매콤 참기름 드레싱

재료 고추 1개(선택), 고춧가루 1큰술, 생 사과식초 2큰술, 아가베시럽 1큰술, 참기름 1큰술, 천일염 1/2작은술

1 **재료 섞기** 고추를 잘게 다진 뒤, 볼에 모든 재료를 넣어 잘 섞는다.

들깨 드레싱

재료 들깨가루 3큰술, 생 발효간장 1큰술, 생 사과식초 2큰술, 포도씨유 2큰술, 생꿀 1큰술, 물 1큰술

1 **재료 섞기** 볼에 재료를 넣어 잘 섞는다.

간장 고추냉이 드레싱

재료 생 발효간장 2큰술, 레몬즙 2큰술, 올리브유 1큰술, 아가베시럽 1큰술, 고추냉이 1/2큰술, 후춧가루 조금

1 **재료 섞기** 볼에 재료를 넣어 잘 섞는다.

초고추장 드레싱

재료 고추장 2큰술, 생 사과식초 2큰술, 다진 양파 2큰술, 아가베시럽 2큰술, 참기름 2작은술, 통깨 1큰술

1 **재료 섞기** 볼에 재료를 넣어 잘 섞는다.

색다른 풍미를 더하는 크리미 드레싱

견과 마요네즈나 아보카도 등을 넣으면 크리미한 질감의 색다른 드레싱을 만들 수 있다.
카레 같은 양념을 더하면 더 특별하고 이국적인 맛이 난다.

카레 드레싱

재료 커리가루 1큰술, 생 사과식초 3큰술, 올리브유 2큰술, 아가베시럽 1큰술, 다진 양파 1큰술, 다진 파슬리 1큰술

1 재료 섞기 볼에 재료를 넣어 잘 섞는다.

땅콩 드레싱

재료 생 땅콩 1컵, 생 발효간장 3큰술, 생 사과식초 1큰술, 레몬즙 2큰술 (또는 식초 1큰술), 물 5큰술, 생꿀 2큰술, 마늘 2쪽, 참기름 2작은술, 천일염 조금

1 재료 섞기 믹서에 모든 재료를 넣어 부드럽게 간다.

양파 드레싱

재료 양파 1/2개, 생 사과식초 2큰술, 올리브유 1/4컵, 아가베시럽 1큰술, 다진 마늘 1/3작은술, 천일염 조금

1 재료 섞기 믹서에 모든 재료를 넣어 부드럽게 간다.

아보카도 드레싱

재료 아보카도 1개, 레몬즙 1큰술, 씨겨자(또는 머스터드) 1작은술, 생꿀 1작은술, 천일염 조금, 후춧가루 조금

1 재료 섞기 아보카도는 과육만 발라내 잘 으깬다. 볼에 모든 재료를 넣어 잘 섞는다.

Part 5 메인 요리

생채식을 한다고 맛까지 포기할 필요는 없어요. 채소와 과일로 파스타, 피자, 김밥, 볶음밥 등 평소 먹던 음식을 쉽고 간단하게 즐길 수 있거든요. 뿌리채소를 이용하면 면과 밥, 고기의 맛을 느낄 수 있고, 건조 빵은 도시락 메뉴로 좋아요. 튀기거나 볶은 일반 음식에 비해 칼로리는 낮고 소화는 잘 돼 부담 없이 맛있게 먹을 수 있답니다.

Basic 로푸드 면 뽑기 & 밥 짓기

재료별 로푸드 면

재료의 맛과 질감의 특징을 알면 어울리는 소스를 잘 매치할 수 있다. 다양한 재료를 함께 쓰면 더 다채롭게 즐길 수 있다.

애호박면·주키니면 가장 많이 쓰는 로푸드 면이다. 질감이 부드럽고 껍질을 벗기면 모양도 맛도 국수와 비슷해 가장 인기 있다. 동서양의 여러 소스와 두루두루 잘 어울려 파스타, 라면 등 다양한 요리로 즐길 수 있다.

오이면 수분이 많고 아삭아삭해 고추장, 간장 등 동양적인 소스와 잘 어울린다. 애호박면이나 천사채면으로 만드는 면요리에 오이면을 조금 더하면 청량감이 높아진다.

고구마면 다이어트에 빠지지 않고 등장하는 고구마는 생으로 면을 뽑아도 훌륭하다. 달콤하게 씹히는 맛이 일품이며, 생고구마의 세라핀 성분은 변비 예방에도 탁월하다. 아몬드 소스나 크림소스와 같이 부드럽고 고소한 소스와 잘 어울린다.

천사채 횟집에서 자주 볼 수 있는 천사채는 다시마를 증류·가공한 반투명 국수다. 100% 생것은 아니지만 로푸드 면요리에 빠지지 않고 등장한다. 다시마의 알긴산은 장운동을 촉진하고 비만 억제에 효과가 있다. 꼬들꼬들하게 씹히는 맛이 좋아 로푸드 잡채에 주로 쓰며, 다른 채소면과 같이 쓰면 더 좋다.

다양한 모양의 로푸드 면

면은 재료가 같아도 굵기와 모양에 따라 맛이 다르다. 면을 뽑는 여러 가지 방법으로 다양한 로푸드 면요리를 즐길 수 있다.

스파게티면·소면 스파게티라고 불리는 가는 면으로 야들야들해서 가장 많이 쓴다. 비빔국수나 라면과 같은 한국 요리에도 잘 어울린다. 줄리엔 필러로 채 치거나 스파이럴 슬라이서로 동그랗고 길게 면처럼 만들어도 된다.

페투치네·칼국수 넓적한 면으로 씹는 맛이 좋다. 필러로 쭉쭉 밀거나 스파이럴 슬라이서를 굵게 조절해 넓은 면을 뽑는다. 고소한 크림소스와 잘 어울린다.

라자냐 넓적한 직사각형의 라자냐는 칼로 얇게 슬라이스 해 만든다. 면과 소스를 켜켜로 쌓아 올리면 특별한 면요리를 만들 수 있다.

재료별 로푸드 밥

재료를 푸드 프로세서로 쌀알 크기만 하게 다진 뒤 기름과 소금, 레몬즙을 조금 넣어 비비면, 비린내 없이 쌀밥의 질감을 살릴 수 있다. 주로 김밥, 덮밥 등을 만들 때 쓴다.

콜리플라워밥·브로콜리밥 콜리플라워는 부드럽게 씹히는 맛과 색깔 때문에 밥요리에 가장 많이 쓴다. 고소한 맛이 일품이고 양념이 잘 배어 좋다. 브로콜리로도 콜리플라워와 비슷한 맛을 낼 수 있으나 색깔이 녹색이다.

양배추밥 양배추는 아삭한 맛이 좋다. 콜리플라워보다 구하기 쉽지만, 덮밥을 만들 경우 양념이 배는 속도가 더뎌 더 오래 절여야 한다.

콜라비밥·무밥 비타민 C와 칼슘, 식이섬유가 풍부한 콜라비는 양배추와 순무를 교배해 만든 채소다. 무처럼 수분이 많고 아삭하면서 달큰해 밥으로 사용하기 좋다. 콜라비가 없다면 무와 잣을 다져서 써도 좋다.

쓰임새 많은 만능국물, 채수

끓이거나 조리는 과정이 없는 로푸드 요리에서 국물요리의 풍미를 살리고 싶다면 맹물 대신 채수를 쓰면 좋다. 무의 시원함과 버섯, 다시마의 구수함이 더해져 깊은 맛을 낼 수 있다. 유리병에 담아 냉장보관 하면 3~4일, 1인분씩 따로 담아 냉동보관 하면 더 오래 두고 먹을 수 있다.

재료 양파 1/2개, 무 1/4개, 말린 표고버섯 4개, 다시마 1장(10×10cm), 물 5컵(1L)

1 냄비에 물과 다시마, 양파, 무, 말린 표고버섯을 넣고 팔팔 끓인다.
* 다시마만 저녁에 물에 담가두고 다음 날 나머지 재료와 함께 끓이면 다시마에서 밤새 맛이 우러나와 더 맛있어요.
* 당근, 양배추 줄기, 고추 등의 자투리 채소나 통후추를 넣어도 좋아요.
2 물이 끓기 시작하면 불을 약하게 줄여 30분 정도 더 끓인다.
3 체에 국물만 걸러내 한 김 식힌다.

토마토 스파게티

만들기 쉽고 맛있는 인기 만점 파스타. 애호박면에 토마토를 직접 갈아 만든 새콤달콤한 소스를
곁들이면 야들야들한 면발과 칼칼한 감칠맛이 나 진짜 냉 파스타를 먹는 느낌이랍니다.
칼로리가 걱정이라면 맛있고 건강한 로푸드 파스타를 추천합니다.

How to cook

재료(1인분)
애호박 1개

토마토소스
토마토 1개
양파 1/8개
말린 토마토 1/2컵
곶감 1개
(또는 대추야자 3개)
마늘 1쪽
레몬즙 1큰술
올리브유 2작은술
천일염 조금
후춧가루 조금

장식용
블랙 올리브 4개
생 바질
(또는 애플민트나 딜) 2장

1 **면 만들기** 애호박을 깨끗이 씻어 필러로 껍질을 벗긴 뒤, 회전채칼이나 줄리엔 필러로 깎아 면을 만든다.

* 푸른 겉면을 깎아내면 파스타의 느낌을 낼 수 있어요.

2 **토마토·양파 손질하기** 토마토는 깨끗이 씻어 꼭지를 떼고 한 입 크기로 썬다. 양파는 껍질을 벗겨 적당한 크기로 썬다.

* 붉은색을 더 선명하게 내기 위해 비트 1/8개를 넣어도 좋아요.

3 **소스 만들기** 믹서나 푸드 프로세서에 소스 재료를 넣고 부드러워질 때까지 간다.

4 **그릇에 담기** 애호박면과 소스를 그릇에 담고 허브와 올리브를 올린다.

Variation 로제 파스타

장미라는 뜻의 이탈리아어 로제(rose)에서 유래한 로제 파스타는 이름처럼 장밋빛 소스로 맛을 낸 로맨틱한 파스타예요. 토마토소스를 로제 소스로 바꿔 색다른 맛을 즐겨보세요. 로제 소스는 생 캐슈너트 3/4컵, 말린 토마토 가루 3큰술, 물 1/2컵, 마늘 1쪽, 레몬즙 1큰술, 올리브유 1큰술, 아가베시럽 1큰술, 천일염 조금, 후춧가루 조금을 푸드 프로세서에 넣고 갈면 돼요.

버섯 크림 페투치네

여자들이 특히 좋아하는 크림소스는 넓적한 페투치네와 잘 어울려요. 애호박 페투치네에 간장에 절인 짭조름한 버섯을 곁들이면 느끼한 맛은 줄어들고 버섯의 풍미가 가득한 크림소스 파스타가 완성됩니다.

How to cook

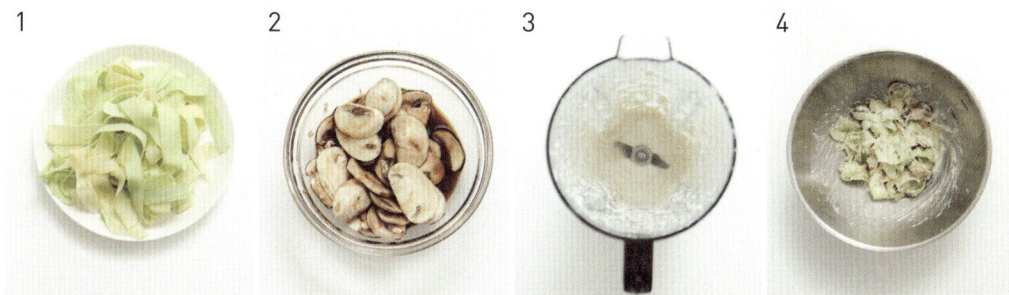

재료(1인분)

애호박 1개
양송이버섯 5개
생 발효간장 1큰술

크림소스
생 캐슈너트 1컵
물 1/2컵
마늘 1쪽
레몬즙 1큰술
천일염 1/2작은술
후춧가루 조금

1 **면 만들기** 애호박을 깨끗이 씻어 필러로 껍질을 벗긴 뒤, 다시 필러로 넓적하게 깎아 면을 만든다.

2 **양송이버섯 절이기** 양송이버섯은 먼지를 털고 얇게 썰어 간장에 15분 이상 절인다.

3 **소스 만들기** 생 캐슈너트를 2시간 이상 불려 나머지 크림소스 재료와 함께 믹서에 넣어 곱게 간다.

* 잣과 캐슈너트를 1/2컵씩 섞으면 더 크리미한 맛이 나요.

4 **버무리기** 애호박면과 절인 버섯을 소스에 고루 버무려 그릇에 담고 후춧가루를 뿌린다.

Variation 호두 소스 파스타

생 캐슈너트 대신 구하기 쉬운 호두를 써도 좋아요. 호두 소스도 버섯과 잘 어울린답니다. 호두 소스는 불린 호두 1/2컵, 아몬드 1/4컵, 호박씨나 해바라기씨 1/4컵, 마늘 2쪽, 레몬즙 2큰술, 올리브유 1큰술, 아가베시럽 2작은술, 물 2큰술, 천일염 조금, 후춧가루 조금을 갈아 만드세요.

삼색 라자냐

특별한 파스타를 원한다면 라자냐를 만들어보세요. 애호박면 사이사이 토마토소스, 크림소스,
바질 페스토가 골고루 어우러져 한 입 베어 물면 입안 가득 풍성함이 느껴져요.
상큼한 자연의 맛을 그대로 즐길 수 있답니다.

How to cook

재료(1인분)
애호박 1개
생 호두 5개

토마토소스
토마토 1컵
양파 1/8개
말린 토마토 1/2컵
곶감 1개
마늘 1쪽
레몬즙 1큰술
천일염 조금
후춧가루 조금

크림소스
생 캐슈너트 1컵
물 1/2컵
마늘 1쪽
레몬즙 1큰술
생 발효간장 1작은술
후춧가루 조금

바질 페스토
바질 1컵
시금치 1줌
생 호두 1/4컵
마늘 1쪽
올리브유 1작은술
레몬즙 1작은술
천일염 조금

1 **소스 만들기** 토마토소스 재료, 크림소스 재료, 바질 페스토 재료를 각각 믹서나 푸드 프로세서로 부드러워질 때까지 간다.

2 **면 만들기** 애호박을 반 갈라 세로로 얇고 넓적하게 저민다. 접시에 애호박면 4개를 2개씩 나란히 펼쳐서 깐다.

* 원하는 크기에 맞춰 애호박면을 2개 또는 3개씩 겹쳐 쌓아도 좋아요.

3 **소스 바르기** 애호박면 위에 토마토소스, 크림소스, 바질 페스토 순으로 얇게 펴 바른다.

4 **쌓아 올리기** ③과 같은 방법으로 애호박면과 소스를 층층이 반복해서 쌓아 올린다.

5 **호두 뿌리기** 호두를 굵게 다져 맨 위에 뿌린다.

* 호두를 더하면 씹는 맛이 좋아져요. 아몬드나 헤이즐넛 같은 다른 견과를 써도 좋아요.

Tip 무스 틀을 이용하면 모양 잡기 쉬워요

사각형의 무스 틀 안에 애호박면과 소스를 층층이 쌓고 무스 틀을 빼면 모양이 반듯하게 잡혀요. 큼직하고 모양 좋은 라자냐가 필요한 파티 등의 모임에서 특히 요긴해요.

Variation 시금치 페스토 파스타

채칼이나 회전채칼로 애호박면을 뽑아 시금치 페스토 스파게티를 만들어도 좋아요. 시금치 페스토는 바질을 빼고 그만큼 시금치를 더 넣으면 돼요.

오이 쫄면

땀이 많이 나 기력이 떨어지고 입맛도 없는 여름철, 칼로리는 낮고 수분은 가득한 오이로
매콤한 쫄면을 만들어보세요. 아삭아삭한 오이와 꼬들꼬들한 천사채를 새콤달콤한 양념장에 비벼 먹으면,
신진대사도 원활해져 무더위를 거뜬히 이길 수 있을 거예요.

How to cook

재료(1인분)

오이 1개
천사채 1컵
불린 미역 1/4컵

양념장

고추장 1큰술
생 사과식초 1큰술
이가베시럽 1큰술
다진 마늘 1작은술
참기름 1/2작은술
통깨 1/2작은술

1 **면 만들기** 오이를 소금으로 문질러 깨끗이 씻은 뒤 회전채칼이나 줄리엔 필러로 면을 만든다. 천사채는 물에 한 번 씻어 먹기 좋은 길이로 썬다.

* 천사채는 취향에 따라 양을 조절하세요. 천사채를 많이 넣으면 꼬들꼬들한 맛이 더 좋아요.

2 **미역 불리기** 미역은 잘게 썰어 찬물에 30분 이상 불린다.

3 **양념장 만들기** 양념장 재료를 잘 섞는다.

4 **그릇에 담기** 그릇에 오이면과 천사채를 섞어서 담고 미역과 양념장을 올린다.

Tip 오이는 굵은 소금으로 씻으세요

오이를 씻을 때는 굵은 소금을 뿌려 손바닥으로 돌리면서 문지른 뒤 물로 헹구세요. 오톨도톨한 가시와 농약, 먼지 등이 소금에 흡착돼 씻겨 나가기 때문에 효과적으로 씻을 수 있어요. 또한 색이 변하는 것도 막아준답니다.

골동면

골동면은 '여러 재료를 섞다'라는 뜻의 골동(骨董)에서 유래된 이름이에요.
매콤달콤한 양념 대신 간장양념에 비벼 먹는 담백한 비빔국수랍니다.
다양한 채소에 자극적이지 않고 깔끔한 양념장을 넣어 먹으면 의외의 맛에 깜짝 놀랄 거예요.

How to cook

재료(1인분)
애호박 1/2개
오이 1/2개
천사채 1컵
숙주 1줌
깻잎 2장

양념장
생 발효간장 2큰술
아가베시럽 1큰술
참기름 1큰술

1 **면 만들기** 애호박은 필러로 껍질을 벗기고 회전채칼이나 줄리엔 필러로 면을 만든다. 오이는 소금으로 깨끗이 씻어 회전채칼이나 줄리엔 필러로 면을 만든다. 천사채는 물에 한 번 씻어 먹기 좋은 길이로 썬다.

2 **숙주·깻잎 손질하기** 숙주는 꼬리를 다듬고 찬물에 헹궈 물기를 충분히 뺀다. 깻잎은 돌돌 말아 가늘게 채 썬다.

3 **버무리기** 애호박면, 오이면, 천사채, 숙주를 양념장에 고루 버무린다.

4 **그릇에 담기** 그릇에 ③의 골동면을 담고 채 썬 깻잎을 올린다.

Variation 메밀국수

골동면은 세 가지 면의 질감이 달라 씹는 재미가 있어요. 담백한 간장양념에는 애호박면이, 새콤달콤한 초고추장양념에는 오이면이 잘 어울리죠. 골동면 양념장 대신 채수 1컵, 생 발효간장 3큰술, 아가베시럽 1작은술을 섞고 무 1토막을 강판에 갈아 고추냉이와 곁들이면, 자작자작한 국물과 함께 후루룩 먹을 수 있는 메밀국수로 변신한답니다.

냉잡채

잔치나 명절에 빠지지 않는 잡채는 외국 로푸드 식당에서도 자주 볼 수 있는 메뉴랍니다.
기름에 볶지 않아 가벼우면서도 잡채 본연의 맛이 살아 있어요.
손이 많이 가는 일반 잡채와 달리 만들기도 쉬워서 간편하고 든든한 한 끼로 추천합니다.

How to cook

재료(2인분)

천사채 3컵
붉은 파프리카 1/2개
노란 파프리카 1/2개
부추 1/2줌
양파 1/4개
표고버섯 3개
통깨 조금

양념장

양조간장 2큰술
아가베시럽 1큰술
다진 마늘 1작은술
참기름 1작은술

1 **천사채 손질하기** 천사채를 찬물에 씻어 물기를 뺀 뒤 먹기 좋게 썬다.

2 **파프리카·부추 썰기** 파프리카는 깨끗이 씻어 5cm 길이로 채 썰고, 부추도 같은 길이로 썬다.

* 오이, 시금치 등 다양한 잎채소를 활용해도 좋아요.

3 **양파·표고버섯 절이기** 양파는 껍질을 벗겨 썰고 밑동을 잘라내고, 표고버섯은 얇게 썬다.

4 **버무리기** 천사채, 채소, 버섯을 양념장에 버무려 그릇에 담고 통깨를 뿌린다.

Variation 천사채 냉채

천사채는 해파리와 같은 꼬들꼬들한 맛이 있어 알싸한 겨자 소스를 곁들이면 냉채로도 즐길 수 있어요. 연겨자 1큰술, 생 사과식초 2큰술, 아가베시럽 2큰술, 다진 마늘 1/2작은술로 소스를 만들어 잡채 양념장 대신 넣고 버무려보세요. 매콤새콤, 입맛 돋우는 별미 음식으로 그만이에요.

고구마 아몬드 국수

고소하고 달큰한 맛이 일품인 고구마면은 오독오독 씹는 맛이 좋아요. 거기에 아몬드 양념장까지 곁들여 고소함이 두 배인 색다른 국수랍니다. 찐 고구마보다 포만감도 커서 다이어트식으로 좋아요.

How to cook

재료(1인분)

고구마 2개
시금치 1줌
통깨 조금

아몬드 양념장
아몬드버터
(p.85 참고) 3큰술
생 발효간장 1½큰술
레몬즙 2큰술
물 1큰술
아가베시럽 1큰술
다진 마늘 1작은술
천일염 조금

1 **면 만들기** 고구마는 껍질을 벗기고 회전채칼이나 줄리엔 필러로 면을 만든다.
2 **시금치 썰기** 시금치는 돌돌 말아 길고 가늘게 채 썬다.
3 **양념장 만들기** 양념장 재료를 잘 섞는다.
4 **버무리기** 고구마면과 시금치를 양념장에 버무려 그릇에 담고 통깨를 뿌린다.

Tip 잎채소를 가늘게 채 썰려면?

푸른 잎의 채소나 허브를 아주 가늘게 채 써는 걸 시포나드(chiffonade)라고 해요. 잎을 겹겹이 쌓아 단단하게 말면 쉽게 가는 채를 썰 수 있답니다. 주로 요리의 고명으로 많이 써요.

매콤 냉면

여름철 인기 메뉴는 단연 냉면이지요. 채수에 매운 고추를 송송 썰어 넣어 칼칼한 맛이 혀끝에 감도는 로푸드 냉면을 맛보세요. 원래 북쪽 지방에서 즐겨 먹던 밤참인 냉면은 추운 겨울날 먹어도 일품이에요.

검은깨 콩국수

진하게 갈아 만든 콩물에 얼음을 동동 띄워 먹는 여름 별미 콩국수. 콩은 생으로 먹으면 소화가 잘 안 되고 비린 맛이 나 먹기가 쉽지 않기 때문에 고구마와 검은깨로 콩국수 맛을 재현했어요. 검은깨가 들어가 더 고소하고 영양도 만점이에요.

How to cook

매콤 냉면

재료(1인분)
꼬시래기(또는 톳) 2줌
오이 1/2개
풋고추 1개
생김 1/4장

양념장
고추장 1큰술
생 사과식초 2½큰술
아가베시럽 2큰술
통깨 2작은술
채수(p.127 참고) 1컵
얼음 4개

1. **꼬시래기·채소 손질하기** 꼬시래기를 깨끗이 씻어 먹기 좋은 크기로 썬다. 오이는 가늘게 채 썰고, 풋고추는 씨를 빼고 굵게 채 썬다.
2. **양념장 만들기** 양념장 재료를 잘 섞는다. 채수는 미리 냉장고에 넣어 차게 만든다.
3. **양념장에 재기** 꼬시래기, 오이, 풋고추를 양념장에 넣어 10분 이상 잰다.
4. **그릇에 담기** 그릇에 ④를 담고 채수를 붓는다. 믹서로 곱게 간 얼음과 잘게 자른 김을 올린다.

검은깨 콩국수

재료(1인분)
꼬시래기(또는 톳) 2줌
오이 1/3개
토마토 1/4개
검은깨 1작은술

국물
고구마 1개
바나나 1/2개
생 아몬드 10알
검은깨 1/4컵
천일염 1/2작은술
물 1½컵

1. **꼬시래기·채소 손질하기** 꼬시래기를 깨끗이 씻어 먹기 좋은 크기로 썬다. 오이는 가늘게 채 썰고, 토마토는 반으로 썬다.

  * 염장된 꼬시래기를 쓸 경우, 물에 30분에서 1시간 동안 충분히 담가 짠 기를 빼세요.

2. **국물 만들기** 국물 재료를 믹서에 넣어 곱게 간다.
3. **그릇에 담기** 그릇에 꼬시래기와 국물을 담고 오이와 토마토, 검은깨를 올린다.

  * 먹을 때 입맛에 따라 천일염을 더 넣어 간을 맞추세요.

새송이버섯 덮밥

하얀 쌀밥 같은 콜리플라워밥을 양념이 쏙 밴 새송이버섯과 함께 비벼 먹는 별미 밥이에요.
고소하고 씹는 맛이 좋아 인기랍니다. 로푸드가 생소한 사람들도 한번 맛보면 그 매력에 금방 빠질 거예요.

How to cook

재료(1인분)

새송이버섯 1개
양파 1/2개
붉은 파프리카 1/4개
깻잎 1장

절임 양념

생 발효간장 4큰술
아가베시럽 2큰술
다진 마늘 1큰술
참기름 1큰술
후춧가루 조금

콜리플라워밥

콜리플라워 1개
올리브유 1큰술
천일염 조금
후춧가루 조금

1 **채소 썰기** 새송이버섯을 3등분해 얇게 썬다. 양파와 깻잎은 채 썰고, 파프리카는 잘게 다진다.

2 **버섯·양파 절이기** 새송이버섯과 양파를 절임 양념에 버무려 15분 이상 절인다.

3 **밥 만들기** 콜리플라워를 꽃 부분만 떼어 찬물에 깨끗이 씻은 뒤 푸드 프로세서에 넣고 쌀알 크기만 하게 다진다.

* 너무 잘게 다지면 고슬고슬한 맛이 나지 않으니 주의하세요. 푸드 프로세서가 없으면 꽃 부분을 칼로 잘게 다지세요.

4 **밥 양념하기** 콜리플라워밥에 올리브유와 천일염, 후춧가루를 넣어 잘 버무린다.

5 **그릇에 담기** 그릇에 콜리플라워밥을 담고 절인 버섯과 양파를 올린 뒤 파프리카와 깻잎으로 장식한다.

Tip **씹는 맛이 살아 있는 새송이버섯**

자연산 송이버섯의 대용품으로 개량된 새송이버섯은 쫄깃쫄깃한 질감이 특징이에요. 특히 양념에 절여도 쉽게 무르지 않고 탱글탱글함이 살아 있어 활용도가 아주 높아요.

카레 볶음밥

인도의 기본 양념인 카레는 20여 가지 재료를 섞어 만든 복합 향신료예요. 주원료인 강황에 들어 있는 커큐민 성분은 항암·항산화 효과가 뛰어나지요. 노란 커리가루로 특별하고 맛있는 로푸드를 만들어보세요.

How to cook

재료(1인분)

표고버섯 3개
양파 1/4개
애호박 1/2개
파프리카 1/2개
콜리플라워 1개

절임 양념

생 발효간장 1큰술
아가베시럽 1작은술
참기름 1작은술

카레양념

생 발효간장 1작은술
커리가루 2작은술
아가베시럽 1작은술

1 **채소 썰기** 버섯과 양파, 애호박, 파프리카를 찬물에 깨끗이 씻어 가로세로 1cm크기로 썬다.

2 **채소 절이기** ①의 채소들을 절임 양념에 15분 이상 절인다.

3 **밥 만들기** 콜리플라워를 꽃 부분만 떼어 찬물에 깨끗이 씻은 뒤 푸드 프로세서에 넣고 쌀알 크기만 하게 다진다.

* 너무 잘게 다지면 고슬고슬한 맛이 나지 않으니 주의하세요. 푸드 프로세서가 없으면 꽃 부분을 칼로 잘게 다지세요.

4 **버무리기** ②의 채소와 ③의 콜리플라워밥을 카레양념에 고루 버무린다.

* 커리가루는 입맛에 맞춰 1/4~1/2작은술 정도로 조절하세요.

Tip 커리가루를 살 때는 성분표를 확인하세요

커리가루는 강황, 고추, 생강, 쿠민, 고수 등 다양한 향신료가 섞인 인도의 대표적인 혼합 향신료예요. 일반 사람들이 쓰기 쉽게 만든 것으로 대형마트나 백화점, 온라인 쇼핑몰에서 살 수 있어요. 인스턴트 카레가루를 써도 되지만 강황이나 쿠민, 고수의 함량이 적고 전분, 밀가루, 소금의 함량은 많을 수 있으니 성분표를 잘 확인하세요.

깻잎 견과 쌈밥

신선한 채소에 양념한 밥을 넣어 주먹밥처럼 만든 쌈밥은 한국인에게 사랑받는 음식이에요.
버섯과 호두를 다져 매콤한 된장양념과 섞은 쌈장을 곁들여 씹는 맛도 좋아요.
먹기 간편해 도시락 메뉴로도 인기랍니다.

How to cook

재료(1인분)
깻잎 8장

양배추밥
양배추 1/4포기
참기름 1작은술
천일염 1/2작은술
후춧가루 조금

견과쌈장
느타리버섯 1컵(80g)
생 호두 6개
된장 1큰술
고추장 1큰술
물 2큰술
레몬즙 1큰술
생꿀 1작은술

1 **버섯·호두 다지기** 느타리버섯과 호두를 잘게 다진다.

2 **쌈장 만들기** 다진 느타리버섯과 호두를 나머지 양념 재료와 섞어 10분 이상 둔다.

3 **밥 만들기** 양배추를 푸드 프로세서로 쌀알 크기만 하게 다진 뒤, 참기름, 천일염, 후춧가루를 넣어 버무린다.

* 푸드 프로세서가 없으면 양배추를 칼로 잘게 다지세요.

4 **쌈밥 싸기** 깻잎 위에 양배추밥과 견과쌈장을 올려 만다.

* 깻잎을 고깔 모양으로 만들어 아랫부분을 접은 뒤 양배추밥과 쌈장을 올리면 도시락으로 좋아요.

Variation 다양하게 즐기는 쌈 요리

깻잎 대신 김이나 양상추도 잘 어울려요. 제철 채소들과 냉장고 속 재료를 활용해 다양한 쌈 요리를 즐겨보세요.

로푸드 쌈 믹스 & 매치

쌈 재료	로메인 상추, 케일, 양상추, 깻잎, 김, 다시마, 건조 빵
속재료	새싹채소, 아보카도, 토마토, 파프리카, 오이, 당근, 버섯, 양파, 피클, 로푸드 밥
양념	토마토케첩, 마요네즈, 페스토, 후무스, 참치맛 스프레드, 아몬드 소스, 토마토살사 소스, 과카몰리, 견과치즈

참치 맛 김밥

다양한 재료들을 한 입에 먹을 수 있는 김밥은 누구나
좋아하는 음식이에요. 하지만 막상 먹으려면
높은 칼로리와 첨가물 가득한 속재료가 마음에 걸리지요.
신선한 채소와 참치 맛 스프레드를 넣은 부드러운
로푸드 김밥을 즐겨보세요.

How to cook

재료(1인분)
생김 3장
깻잎 9장
노란 파프리카 1/2개
적양배추 1/4포기
오이 1/2개
아보카도 1개
고추냉이간장 조금

참치 맛 스프레드
생 호두 1컵
양파 1/2개
붉은 피망 1/2개
셀러리 2줄기(15cm)
생 발효간장 1큰술
천일염 조금
후춧가루 조금

1. **채소 손질하기** 파프리카는 0.5cm 두께로 썰고, 적양배추는 가늘게 채 썬다. 오이와 아보카도는 길이로 반 갈라 씨를 빼고 과육만 0.5cm 두께로 썰어 종이타월로 물기를 뺀다.
2. **스프레드 만들기** 믹서나 푸드 프로세서에 스프레드 재료를 넣어 곱게 간다.
3. **김에 깻잎·스프레드 올리기** 김발에 김을 깐다. 김의 2/3 지점에 깻잎을 3장 겹쳐 올리고 스프레드를 펴 바른다.
4. **김밥 말기** ③의 가장자리에 오이와 아보카도를 올리고 그 사이에 적양배추, 파프리카를 올려 돌돌 만다. 먹기 좋은 크기로 썰어 그릇에 담고 취향에 따라 고추냉이간장을 곁들인다.

* 김이 잘 안 붙으면 끝부분에 물을 살짝 묻혀서 붙이세요.

Tip 김밥을 찢어지지 않게 말려면?
로푸드 김밥에는 수분이 많은 채소가 가득 들어가기 때문에 생각보다 말기가 쉽지 않아요. 채소의 수분을 종이타월로 충분히 닦고 김 위에 깻잎이나 상추 등의 잎채소를 깔면 김이 찢어지는 걸 막을 수 있어요.

Variation 밥과 속재료를 바꿔 다양하게 즐기세요
밥 대신 콜리플라워밥, 양배추밥, 새싹채소, 아보카도, 채소펄프 등을 넣어보세요. 속재료도 당근, 양파, 버섯, 영양부추 등 다양하게 응용할 수 있어요. 참치맛 스프레드에 고추장을 넣으면 매콤한 고추참치 맛 김밥으로도 즐길 수 있어요.

part 5 메인 요리 • 151

옛날식 간장밥과 무생채

밥 한 그릇에 간장과 달걀 하나를 넣고 쓱쓱 비벼 먹는 추억의 간장달걀밥을 로푸드로 재현했어요. 달걀 대신 고소하고 부드러운 아보카도를 넣고 맛깔난 초간장에 비벼 무생채를 얹어 먹으면 옛날 생각이 절로 난답니다.

How to cook

옛날식 간장밥

재료(1인분)
아보카도 1/2개
생김 1/4장
통깨 1큰술

콜리플라워밥
콜리플라워 1/2개
참기름 1작은술
천일염·후춧가루 조금

양념장
생 발효간장 2큰술
생 사과식초 1큰술
참기름 1/2큰술

1 **밥 만들기** 콜리플라워를 꽃 부분만 떼어 찬물에 깨끗이 씻은 뒤 푸드 프로세서에 넣어 쌀알만 하게 다진다.

* 너무 잘게 다지면 고슬고슬한 맛이 나지 않으니 주의하세요. 푸드 프로세서가 없으면 꽃 부분을 칼로 잘게 다지세요.

2 **밥 양념하기** 콜리플라워밥에 참기름과 천일염, 후춧가루를 넣어 버무린다.

3 **아보카도·생김 썰기** 아보카도는 반으로 갈라 씨를 빼고 과육만 0.5cm 두께로 썬다. 생김은 가위로 가늘게 자른다.

4 **그릇에 담기** 그릇에 콜리플라워밥을 담고 아보카도, 생김, 통깨를 올린다. 양념장을 곁들여 먹을 때 조금씩 넣어 비벼 먹는다.

무생채 1 2 옛날식 간장밥 2 3

무생채

재료(2인분)
무 1/4개
비정제 설탕 1작은술
천일염 1작은술

무침 양념
고춧가루 1큰술
생꿀 1큰술
생 사과식초 1작은술
다진 마늘 2작은술
참기름·통깨 1작은술

1 **무 절이기** 무를 5cm 길이로 채 썰어 소금, 설탕을 뿌려 10분 정도 절인 뒤 꼭 짠다.

2 **양념에 무치기** 절인 무를 고춧가루에 버무려 물을 들인 다음 나머지 양념을 넣어 무친다.

* 김을 4등분해 고깔 모양으로 돌돌 만 뒤 콜리플라워밥과 무생채를 넣어 김밥을 만들어도 좋아요.

다시마 무밥 말이

알칼리성 식품인 해조류는 단백질뿐 아니라 당질, 비타민, 요오드가 풍부해 자주 먹는 것이 좋아요.
특히 다시마는 유해 중금속과 콜레스테롤을 몸 밖으로 배출해 디톡스 효과가 있지요.
아삭한 무밥과 오이를 다시마에 말아 씹는 맛과 감칠맛을 더했어요.

How to cook

재료(1인분)
쌈 다시마(9×15cm) 5장
오이 1/2개

무밥
무 1/2개
잣 1/3컵
생 사과식초 2작은술
천일염 조금

초고추장
고추장 1큰술
생 사과식초 1큰술
아가베시럽 1큰술
통깨 1작은술

1 **다시마·오이 손질하기** 쌈 다시마는 잘 헹궈 30분간 찬물에 담가 짠맛을 뺀다. 오이는 필러로 길고 얇게 썬다.

2 **무밥 만들기** 무는 껍질을 벗겨 무밥 재료와 함께 푸드 프로세서에 넣어 쌀알 크기만 하게 다진다.

* 푸드 프로세서가 없으면 칼로 잘게 다지세요. 잣 대신 다른 견과를 넣어도 좋아요.

3 **무밥 말기** 다시마 위에 오이를 깔고 ②의 무밥을 올려 돌돌 만다.

4 **그릇에 담기** 다시마 무밥 말이를 반으로 잘라 그릇에 담고, 초고추장 재료를 잘 섞어 곁들인다.

Variation 파프리카 다시마쌈

쌈 다시마에 빨강, 노랑, 주황 파프리카를 채 썰어 넣고 말아 초고추장을 곁들여보세요. 아삭하고 달콤한 파프리카가 다시마와 잘 어울려요. 간편하고 색도 예뻐 골동면이나 비빔국수와 함께 로푸드 손님상에 올리기 좋아요.

우엉밥과 느타리버섯 고추장무침

식이섬유가 풍부해 장 건강에 좋은 우엉은 씹는 맛과 향이 살아 있는 대표 뿌리채소예요.
우엉과 양파를 잘게 다져 간장으로 양념하면 향긋하고 고소하면서도 담백한 맛이 좋아요.
매콤한 느타리버섯 고추장무침과 함께 먹으면 잘 어울려요.

How to cook

재료(1인분)

우엉밥
우엉 2대
양파 1/2개
쪽파 1뿌리
생 발효간장 2큰술
참기름 1작은술

느타리버섯 고추장무침
느타리버섯 2줌
고추장 2큰술
고춧가루 1큰술
생 사과식초 1큰술
아가베시럽 1작은술
참기름 1작은술
통깨 1작은술

1 **우엉·양파 썰기** 우엉과 양파는 껍질을 벗기고 칼로 잘게 다진다. 다진 우엉은 변색 방지를 위해 식촛물에 담가둔다.
2 **우엉밥 만들기** 쪽파를 송송 썰어 간장, 참기름과 함께 ①에 넣어 비빈다.
3 **버섯 손질하기** 느타리버섯은 손으로 가늘게 찢는다.
4 **버섯 무치기** 느타리버섯을 뺀 나머지 재료를 잘 섞어 버섯에 넣고 무친다.
5 **그릇에 담기** 그릇에 우엉밥을 담고 느타리버섯 고추장무침을 곁들인다.

Tip 우엉 껍질은 칼등으로 긁어내세요

우엉은 껍질에 흠과 수염뿌리가 없고, 너무 마르지 않은 것을 고르세요. 손질할 때는 껍질을 칼로 깎지 말고 칼등이나 필러로 긁어내거나 솔로 문질러 벗기세요. 껍질을 벗긴 다음 식촛물에 담가두면 갈변을 막을 수 있고 떫은맛도 없어져요.

BBQ 소스 수제 버거

햄버거가 생각날 때는 칼로리 걱정 없는 로푸드 버거를 맛보세요. 신선한 토마토에 고구마 패티와 훈제향이 나는 BBQ 소스. 신선한 채소를 올려 한입 베어 물면 환상적인 맛에 반할 거예요. 밀가루나 달걀 없이도 촉촉하고 감칠맛 나는 비밀 레시피를 공개합니다.

How to cook

재료(5~6개)

토마토 2개
상추 4장
치커리 4줄기
양파 1/2개

패티

고구마 1개(1/2컵)
당근 1/2개(1/2컵)
생 호두 1컵
치아씨 2작은술
마늘 1쪽
생 발효간장 1큰술
참기름 2큰술
천일염 조금
후춧가루 조금

BBQ 소스

말린 토마토 1/2컵
올리브유 2큰술
생 발효간장 2큰술
생 사과식초 2작은술
물 2큰술
아가베시럽 1큰술
양파 1/6개
마늘 1쪽
천일염 조금
후춧가루 조금

1 **패티 반죽하기** 고구마와 당근을 적당한 크기로 썰어 나머지 패티 재료와 함께 푸드 프로세서에 넣어 간다.

* 너무 곱게 갈면 반죽이 질어질 수 있으니 주의하세요.

2 **모양 빚어 건조하기** ①의 반죽을 손바닥만 한 크기로 빚어 46℃의 식품건조기에서 2시간 말린 뒤, 뒤집어서 3~4시간 더 말린다.

* 패티를 너무 오래 말리면 촉촉함이 사라져요. 만졌을 때 탄력이 있을 정도로 말리세요. 식품건조기가 없다면 오븐을 가장 낮은 온도로 맞춰 말리세요.

3 **채소 손질하기** 토마토는 꼭지를 뗀 뒤 가로로 둥글게 썰고, 상추와 치커리는 찬물에 씻어 물기를 뺀다. 양파는 둥글게 썰어 찬물에 담가둔다.

4 **소스 만들기** 소스 재료를 믹서에 넣어 곱게 간다.

5 **버거 만들기** 토마토를 깔고 상추, 패티, 소스, 치커리, 양파, 토마토 순으로 올린다.

Tip 로푸드 패티를 만들려면?

고기 맛이 나는 패티는 주로 당근, 고구마 같은 뿌리채소로 만들어요. 패티를 만들 때 고구마와 당근 중 한 가지만 써도 괜찮고, 호두 대신 해바라기씨나 아몬드 등의 견과를, 치아씨 대신 아마씨를 넣어도 돼요.

깐풍 미트볼

당근으로 만든 미트볼은 여러 가지로 활용할 수 있어요. 파스타에 넣어도 좋고, 깐풍 소스를 부어 먹어도 새콤달콤한 맛이 좋아요. 매콤한 고추와 양파를 더한 깐풍 미트볼은 특히 로푸드 파티에 매력적인 메뉴랍니다.

How to cook

재료(12개)
어린잎채소 1줌
양파 1/2개

미트볼
당근 1개(1컵)
해바라기씨 1컵
아마씨 1/4컵
양파 1/8개
마늘 1쪽
생 발효간장 1작은술
천일염 조금
후춧가루 조금

깐풍 소스
풋고추 1개
홍고추 1개
생 발효간장 2큰술
생 사과식초 1큰술
생꿀 1큰술
올리브유 2작은술
다진 마늘 1/2작은술

1 **미트볼 반죽하기** 미트볼 재료를 푸드 프로세서에 넣어 간다.
* 너무 곱게 갈면 반죽이 질어질 수 있으니 주의하세요.

2 **모양 빚어 건조하기** ①의 반죽을 지름 3cm 크기로 동그랗게 빚어 46℃의 식품건조기에 6시간 동안 말린다.
* 만졌을 때 탄력이 있을 정도로 촉촉하게 말리세요.

3 **채소 손질하기** 어린잎채소는 씻어 물기를 뺀 뒤 먹기 좋은 크기로 뜯는다. 양파는 채 썰어 찬물에 담가둔다.

4 **소스 만들기** 고추를 다져서 나머지 소스 재료와 잘 섞는다.

5 **소스 끼얹기** 그릇에 어린잎채소와 양파를 깔고 미트볼을 올린 뒤 소스를 끼얹는다.

Variation 미트볼을 파스타나 샐러드에도 활용하세요 ─────
미트볼을 토마토 스파게티나 샐러드에 곁들여보세요. 미트볼만 올렸을 뿐인데 모양은 물론 맛과 영양이 훨씬 풍성해져요.

삼색 미니 피자

치즈가 잔뜩 올라간 고칼로리 피자가 아니라, 재료의 맛을 그대로 느낄 수 있는 로푸드 피자예요.
토마토, 버섯, 호박을 올려 세 가지 맛으로 즐겨보세요. 도우만 만들어 놓으면, 그때그때 간단히 만들 수 있어 편해요.

How to cook

재료(3개)

도우
아마씨 1컵
아몬드 1½컵
올리브유 1/2컵
레몬즙 1/3컵
물 1/3컵
마늘 2쪽
이탈리안 시즈닝 1큰술
천일염 1작은술

루콜라 피자 토핑
토마토케첩 1/2컵
방울토마토 4개
루콜라 1/2줌

버섯 피자 토핑
캐슈너트마요네즈 1/2컵
느타리버섯 80g
양파 1/6개
생 발효간장 1큰술
올리브유 1큰술
아가베시럽 1큰술

호박 피자 토핑
시금치 페스토 1/2컵
애호박 1/2개
올리브유 1큰술
천일염 1/2작은술

1 **도우 반죽하기** 아마씨와 아몬드를 푸드 프로세서에 넣어 곱게 간 뒤, 올리브유, 레몬즙, 물, 마늘, 이탈리안 시즈닝, 천일염을 넣고 마저 간다.

2 **도우 건조하기** ①의 반죽을 3등분해 시트에 얇고 둥글게 편다. 46℃의 식품건조기에 5시간 이상 말린다.

3 **소스 만들기** 토마토케첩, 캐슈너트마요네즈, 시금치 페스토 소스 재료를 각각 믹서에 넣고 간다(p.84 참고).

4 **토마토·루콜라 손질하기** 방울토마토는 반으로 썰고, 루콜라는 2~3등분 한다.

5 **버섯·양파 손질하기** 느타리버섯은 잘게 찢고, 양파는 채 썰어 간장, 올리브유, 아가베시럽에 버무려 10분 이상 둔다.

6 **애호박 손질하기** 애호박은 채 썰어 올리브유와 천일염에 10분 이상 절인다.

7 **루콜라 피자 만들기** 도우에 토마토케첩을 바르고 방울토마토와 루콜라를 올린다.

8 **버섯 피자 만들기** 도우에 캐슈너트마요네즈를 바르고 느타리버섯과 양파를 올린다.

9 **호박 피자 만들기** 도우에 시금치 페스토를 바르고 애호박을 올린다.

Plus recipe

일품요리에 곁들이면 좋은 **절임 반찬**

젓갈이 들어가지 않고 끓이는 과정이 없어 재료 본연의 맛을 최대한 살린 로푸드 절임.
아삭한 질감까지 좋아 일품요리와 함께 먹으면 잘 어울리고 입맛도 돋워줘요.
미리 만들어두면 식탁이 한결 풍요로워진답니다.

오이피클

수분이 많아 아삭하면서도 청량감을 느낄 수 있는 곁들이 음식이다. 끓이지 않아 쉽게 무를 수 있으니 조금씩 담가서 빨리 먹는 게 좋다. 로푸드 샌드위치나 김밥에 넣거나 잘게 썰어 샐러드에 뿌려도 좋다.

재료 오이 2개, 당근 1/2개, 무 1/6개, 풋고추 1개, 생강 2쪽, 천일염 1큰술, 물 1/2컵
절임물 생 사과식초 1컵, 비정제설탕 1컵, 통후추 1큰술, 월계수잎 1장

1 **채소 손질하기** 오이는 소금으로 문질러 씻어 0.7cm 두께로 썰고, 당근과 무는 4cm 길이로 썬다. 고추와 생강은 얇게 어슷썰기 한다.

* 오이, 무, 당근, 연근 등 다양한 채소를 활용하세요.

2 **절이기** 물에 소금을 넣어 녹인 뒤, ①의 채소를 10분간 절여 물기를 뺀다.

3 **병에 담기** 소독한 유리병에 준비한 채소를 층층이 넣은 뒤, 식초에 비정제 설탕을 녹여 붓고 통후추와 월계수잎을 넣는다.

4 **보관하기** 반나절 동안 상온에 두었다가 냉장보관 한다. 1개월 이내에 먹는 것이 좋다.

버섯 간장피클

짭조름한 맛이 입맛을 살려주는 반찬으로 국물은 다른 요리에 활용해도 좋다. 표고버섯, 새송이버섯, 팽이버섯 등 어떤 버섯으로 담가도 맛있다.

재료 느타리버섯 50g, 양파 1개, 레몬 1/2개, 생 발효간장 1/2컵, 통후추 1큰술

1 **버섯·양파 손질하기** 느타리버섯은 밑동을 잘라낸 뒤 잘게 찢고, 양파는 채 썬다.

2 **레몬 썰기** 레몬은 깨끗이 씻어 가늘게 채 썬다.

3 **병에 담기** 소독한 유리병에 양파와 버섯, 레몬을 층층이 넣은 뒤, 간장을 붓고 통후추를 넣는다.

4 **보관하기** 반나절 동안 상온에 두었다가 냉장보관 한다. 1개월 이내에 먹는 것이 좋다.

말린 토마토 오일절임

쫄깃한 맛이 일품인 말린 토마토 오일절임은 다양한 요리에 활용할 수 있어 좋다. 건조 빵, 크래커나 이탈리아식 로푸드 요리에 곁들이면 잘 어울린다.

재료 방울토마토 4kg, 천일염 조금, 후춧가루 조금, 다진 마늘 5큰술, 생 파슬리 1줌(또는 말린 파슬리가루 3큰술), 식물성 기름(해바라기씨유, 포도씨유 등) 1컵, 올리브유 3컵

1 토마토 말리기 토마토는 꼭지를 떼고 길이로 반 잘라 소금, 후춧가루를 살짝 뿌린다. 햇볕에 말리거나, 46℃의 식품건조기에 꾸덕꾸덕해질 때까지 말린다.

* 토마토를 말리면 크기가 1/4 정도로 작아져요. 식품건조기가 없으면 3~4일 자연건조하거나 오븐을 가장 낮은 온도로 맞춰 1시간 정도 말리세요. 천일염과 후춧가루는 토마토의 당도를 끌어올리고 풍미를 좋게 해요.

2 버무리기 마늘과 파슬리를 다져 말린 토마토에 넣고 후춧가루와 식물성 기름을 넣어 잘 버무린다.

* 올리브유는 냉장보관 시 하얗게 굳기 때문에 식물성 기름을 섞는 것이 좋아요.

3 병에 담기 소독한 유리병에 ③을 담고 올리브유를 가득 붓는다.

4 보관하기 1~2일 상온에 두었다가 냉장보관 한다.

사워크라우트

양배추를 발효시켜 만든 독일식 김치로 새콤한 맛이 일품이다. 먹을 때 취향에 따라 아가베시럽, 고춧가루 등을 넣어도 좋다.

재료 양배추 1포기(1kg), 천일염 2작은술

1 양배추 손질하기 양배추는 겉잎을 벗기고 심지 부분을 도려낸 뒤, 가늘게 채 썬다. 깨끗한 겉잎 한 장은 썰지 말고 따로 둔다.

2 절이기 큰 볼에 채 썬 양배추를 담고, 소금을 뿌려 양배추에서 즙이 충분히 나오도록 5~10분 정도 주무른다.

3 병에 담기 소독한 유리병에 양배추와 즙을 눌러 담고, 맨 위에 양배추 겉잎을 덮는다. 깨끗한 돌이나 물을 담은 유리병을 올려 누른 뒤 면포로 덮는다.

4 보관하기 3~7일 동안 서늘한 곳에 두고 틈틈이 양배추를 누른다. 냉장보관 하면 3개월 정도 먹을 수 있다.

* 양배추가 발효되면서 생기는 거품은 걷어내지 않아도 괜찮아요.

Note

사워크라우트를 만들 때 기억하세요

도구와 손을 깨끗이 씻는다 미생물을 이용한 음식이기 때문에 병과 도구, 손을 반드시 깨끗이 씻어 잡균이 들어가지 못하게 한다.

소금의 양을 지킨다 염도가 낮으면 불필요한 박테리아와 효모가 성장할 수 있다. 양배추 1포기당 소금 2작은술~1큰술의 농도로 맞춘다.

양배추가 완전히 잠기게 한다 양배추가 공기와 닿지 않도록 즙에 완전히 잠겨야 한다. 무거운 물건으로 눌러 양배추가 떠오르지 않도록 하고 수시로 확인한다.

병의 4/5만 채운다 발효되면서 양배추의 부피가 커지기 때문에 병의 4/5만 채워 담는다.

Part 6 디저트

여자들이 다이어트에 실패하는 가장 큰 이유는 디저트 때문이지요. 자연의 맛과 영양을 그대로 담은 로푸드 디저트는 여자들의 입맛을 사로잡고 달콤한 디저트에 대한 욕구와 스트레스까지 한 번에 해결해줘요. 밀가루와 버터 없이 몸에 좋은 견과와 말린 과일로 바삭함과 단맛을 가득 채운 로푸드 디저트를 즐겨보세요.

Basic 로푸드 디저트의 **기본기 다지기**

로푸드 케이크 기본 테크닉

1 크러스트 만들기

로푸드 크러스트는 밀가루 대신 견과를 쓰며, 견과 자체에서 나오는 기름이 버터 역할까지 한다. 말린 과일도 단맛과 점성이 있어 필수적으로 쓰는 기본 재료다. 먼저 견과를 불려 코코넛 슬라이스와 함께 푸드 프로세서로 간 뒤, 말린 과일을 넣고 갈아 엉기게 만든다. 주로 바삭한 아몬드, 피칸, 호두를 쓰지만, 마카다미아를 쓰면 부드러운 크러스트를 만들 수 있다. 견과의 비율을 줄이고 코코넛 슬라이스나 말린 메밀, 아몬드 밀크 펄프를 말려 더해도 좋다(p.49 참고).

Tip
견과를 갈 때 너무 오래 갈지 마세요. 기름이 나와 느끼해질 수 있어요.

2 필링 만들기

로푸드 케이크의 필링은 주로 생 캐슈너트로 만든다. 부드럽게 갈면 질감이 일반 치즈케이크와 거의 비슷해진다. 아보카도와 바나나 역시 훌륭한 필링 재료다. 기본 필링에 베리류, 감귤류, 생 카카오가루, 녹차나 홍차, 민트가루 등을 더해 믹서로 부드럽게 간 뒤, 크러스트에 부어 냉동하면 케이크가 된다. 다른 맛의 2~3가지 필링을 만들어 하나를 부어 얼린 뒤 그 위에 다른 필링을 부어 얼리기를 반복하면 2, 3층의 케이크도 만들 수 있다.

Tip
로푸드 케이크는 상온에서 녹기 쉬운데, 포화지방산이 많은 코코넛오일이나 코코넛버터를 넣으면 모양을 잡는 데 효과적이에요. 다양한 성분들이 고루 섞이게 하는 유화제인 대두레시틴(소이레시틴)을 넣어도 좋아요.

3 장식하기

생과일, 감귤류 제스트, 잘게 부순 견과류, 코코넛 슬라이스, 카카오가루, 과일잼 등으로 장식한다. 예쁘게 장식한 케이크는 선물용으로도 좋다. 완성된 케이크는 냉동 또는 냉장보관 하고, 냉동보관 하는 경우에는 먹기 1시간 전에 꺼내 놓는다.

Tip
청포도나 오렌지처럼 수분이 많은 과일은 얼었다 녹으면 색이 변하거나 맛이 달라질 수 있어요. 과일 장식 케이크를 냉동보관 할 경우에는 과일을 따로 두세요.

크러스트 만들기

필링 만들기

건조 스낵 기본 테크닉

1 반죽하기
채소나 과일을 그냥 말리거나 곡물, 씨앗류를 갈아 밀가루 대신 사용해 칩을 만들 수 있다. 기본 반죽은 가루 재료와 물을 1:1로 섞고 여기에 채소를 더해 수분을 조절한다. 물 없이 채소로만 맛을 낸다면 가루 재료와 채소의 비율을 1:6으로 하는 것이 적당하다.

2 모양내기
얇게 말리면 칩으로, 두껍게 말리면 크래커로 만들 수 있다. 빵처럼 도톰하게 만들면 샌드위치나 피자에 활용할 수 있다.

3 건조하기
효소가 파괴되지 않는 범위 내에서 건조한다. 바삭한 스낵을 원하면 반죽을 얇게 펴 건조시간을 늘리고, 촉촉한 스낵을 원하면 두껍게 만들어 건조시간을 짧게 잡는다. 중간 중간 수시로 맛을 보며 조절할 수 있는 것도 로푸드 요리만의 장점이다.

반죽하기

모양내기

건조하기

디저트에 자주 쓰는 재료와·조리법

	재료	조리도구	조리법
케이크	견과, 코코넛 슬라이스, 말린 과일	케이크 틀, 믹서, 푸드 프로세서	갈기, 뭉치기, 얼리기
쿠키	통곡물가루, 견과가루, 씨앗가루, 말린 과일, 주스 펄프	푸드 프로세서	갈기, 뭉치기
스낵	아마씨, 통곡물가루, 견과가루, 씨앗가루, 주스 펄프	푸드 프로세서, 식품건조기	갈기, 건조하기
초콜릿	생 카카오가루, 캐롭가루, 카카오버터, 코코넛오일	초콜릿 몰드	녹이기, 얼리기
아이스크림	언 과일, 아보카도, 견과	푸드 프로세서	갈기, 얼리기

브라우니

카카오가루에 호두와 말린 과일을 넣어 고소함과 쫀득함이 어우러진 로푸드 브라우니.
칼로리 걱정이 없을 뿐 아니라 오븐에 구운 브라우니와 똑같은 맛에 깜짝 놀랄 거예요.
단것이 생각날 때 하나씩 먹으면 좋아요.

How to cook

재료(12조각)

생 호두 2컵
곶감 10개
(또는 말린 과일 2컵)
생 카카오가루 6큰술
바닐라에센스 1작은술(선택)
계핏가루 1/2작은술(선택)
천일염 조금

1 **호두 갈기** 호두를 8시간 이상 물에 불렸다 말린 뒤, 푸드 프로세서에 넣어 간다.

* 견과는 너무 오래 갈면 기름이 나오니 주의하세요. 손으로 만졌을 때 살짝 보슬보슬 해서 뭉쳐질 정도로만 가세요.

2 **반죽하기** 간 호두에 잘게 뜯은 곶감, 카카오가루, 계핏가루, 천일염, 바닐라 에센스를 넣고 뭉쳐질 만큼 엉길 때까지 마저 간다.

* 치아씨를 2큰술 넣으면 톡톡 터지는 맛이 좋아요. 호두 대신 같은 양의 아몬드펄프를 넣어도 좋아요.

3 **틀에 눌러 담기** 사각 파이 틀이나 네모난 유리통에 유산지나 랩을 깔고 반 죽을 눌러 담는다.

4 **굳히기** 냉장실 또는 냉동실에 30분 이상 넣어 굳힌 뒤, 꺼내서 가로세로 3cm로 자른다.

Variation 초코 디저트

브라우니 반죽을 지름 2cm 정도로 동그랗게 뭉치면 선물용으로도 좋은 초코 볼이 완성돼요. 코코넛 슬라이스, 카카오가루, 다진 견과를 묻히면 다양한 맛과 모양을 낼 수 있어요.
브라우니 반죽을 틀에 절반 정도 담고 치즈케이크 필링(p.175 참고)이나 딸기잼 필링(p.181 참고)을 올린 뒤 다시 반죽을 담으면, 맛과 모양이 좋은 초코 샌드로도 즐길 수 있답니다.

미니 초코무스 케이크

아보카도와 카카오가루를 섞으면 초콜릿무스 필링과 똑같은 맛을 낼 수 있어요.
여기에 새콤달콤한 베리류를 더하면 아주 잘 어울리지요. 브라우니보다 부드러운 무스 필링이
고소한 아몬드 크러스트와 어우러진 매력적인 케이크예요.

How to cook

재료(4개)

크러스트
생 아몬드 1/2컵
코코넛 슬라이스 1/2컵
곶감 1개
(또는 대추야자 4개)
천일염 조금

초콜릿무스 필링
아보카도 3개
곶감 3개
(또는 대추야자 6개)
생 카카오가루 1/2컵
코코넛오일 1큰술
아가베시럽 2큰술
바닐라에센스 1작은술(선택)

장식
산딸기 1/2컵

1 **크러스트 만들기** 아몬드를 8시간 이상 물에 불렸다 말린 뒤, 코코넛 슬라이스와 푸드 프로세서에 넣어 간다. 여기에 잘게 뜯은 곶감, 천일염을 넣고 마저 간다.

* 견과는 너무 오래 갈면 기름이 나오니 주의하세요. 손으로 만졌을 때 살짝 보슬보슬해서 뭉쳐질 정도로만 가세요.

2 **틀에 눌러 담기** 컵케이크 틀이나 미니 무스 틀에 크러스트 반죽을 4등분해 눌러 담는다.

3 **필링 만들기** 초콜릿무스 필링 재료를 믹서나 푸드 프로세서에 넣어 곱게 간다.

* 아보카도 3개 대신 아보카도 2개와 바나나 2개를 넣어도 좋아요.

4 **필링 채우기** ②의 크러스트에 초콜릿무스 필링을 채워 담고 냉동실에 넣어 2시간 이상 굳힌다.

5 **장식하기** 케이크 위에 산딸기를 올린다.

* 냉동보관 한 케이크는 먹기 1시간 전에 냉장실로 옮겨놓거나 15분 전에 꺼내두세요. 조금 녹은 뒤에 먹는 게 더 맛있어요.

Tip 아보카도와 바나나는 조금 덜 익은 것을 쓰세요 ―――――――•

아보카도와 바나나는 완전히 익지 않은 조금 단단한 것을 쓰세요. 너무 익으면 특유의 향과 맛이 초콜릿의 풍미를 해칠 수 있어요. 초콜릿무스 필링은 과일과 함께 올려 간단히 즐기기에도 좋고, 아이스바 틀에 얼려 아이스크림처럼 먹어도 좋은 활용도 만점 디저트예요.

레이어 블루베리 치즈케이크

깊고 진한 치즈의 풍미가 느껴지는 치즈케이크만큼 사랑 받는 디저트도 없죠.
초코 크러스트 위에 레몬 필링과 블루베리 필링을 올린 치즈케이크를 소개합니다.
은은한 과일 향과 부드럽고 깔끔한 맛에 반할지도 몰라요.

How to cook

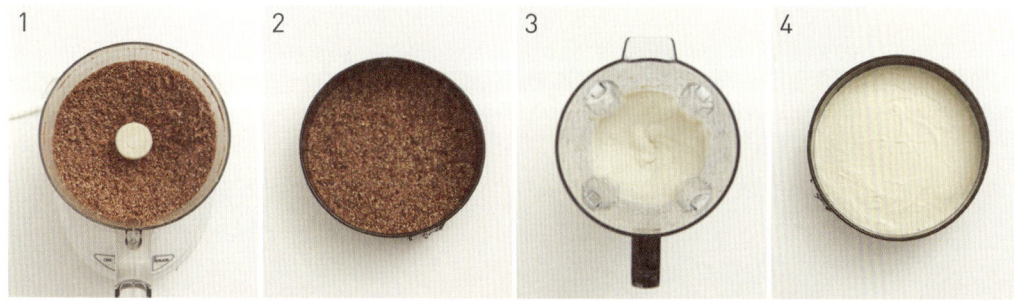

재료(지름 20cm)

카카오 크러스트
생 아몬드 2컵
곶감 3개
(또는 말린 과일 2/3컵)
생 카카오가루 2큰술
천일염 조금

레몬 필링
생 캐슈너트 2컵
물 1/2컵
코코넛오일 1/2컵
레몬즙 1/4컵
아가베시럽 4큰술
천일염 조금

블루베리 필링
생 캐슈너트 1컵
블루베리 1/2컵
물 1/4컵
코코넛오일 3큰술
레몬즙 5작은술
아가베시럽 2큰술
천일염 조금

장식
블루베리 1컵

1 **크러스트 만들기** 아몬드를 물에 8시간 이상 불렸다 말린 뒤 푸드 프로세서로 간다. 여기에 잘게 뜯은 곶감, 카카오가루, 천일염을 넣고 마저 간다.

* 견과는 너무 오래 갈면 기름이 나오니 주의하세요. 손으로 만졌을 때 살짝 보슬보슬해서 뭉쳐질 정도로만 가세요.

2 **틀에 눌러 담기** 무스 틀에 크러스트 반죽을 눌러 담는다.

3 **레몬 필링 만들기** 캐슈너트를 물에 2시간 이상 불려 나머지 레몬 필링 재료와 믹서에 넣고 곱게 간다.

* 코코넛오일은 25℃ 이하에서 굳어요. 추운 날에는 중탕으로 녹여 사용하세요.

4 **레몬 필링 채우기** ②의 크러스트에 레몬 필링을 채워 담고 냉동실에 넣어 30분 정도 굳힌다.

5 **블루베리 필링 만들기** 캐슈너트를 물에 2시간 이상 불려 나머지 블루베리 필링 재료와 믹서에 넣고 곱게 간다.

6 **블루베리 필링 채우기** ④에 블루베리 필링을 채우고 2시간 이상 냉동한다.

7 **장식하기** 케이크 위에 블루베리를 올린다.

* 냉동보관 한 케이크는 먹기 1시간 전에 냉장실로 옮겨놓거나 15분 전에 꺼내두세요. 조금 녹은 뒤에 먹는 게 더 맛있어요.

Variation 알록달록 색다른 필링

- **핫핑크 치즈케이크 필링** 생 캐슈너트 2컵, 딸기 1컵, 비트 1/8개, 물 1/2컵, 코코넛오일 1/2컵, 레몬즙 1/4컵, 아가베시럽 4큰술, 천일염 조금
- **민트 치즈 케이크필링** 생 캐슈너트 2컵, 시금치 1/4줌, 민트 잎 1/3컵, 물 1/2컵, 코코넛오일 1/2컵, 레몬즙 1/4컵, 아가베시럽 4큰술, 녹차가루 1작은술, 천일염 조금
- **뉴욕 치즈케이크 필링** 생 캐슈너트 2컵, 코코넛오일 1/2컵, 레몬즙 1/2컵, 레몬제스트 1/2컵, 아가베시럽 4큰술, 천일염 조금

고구마 피칸 파이

가을과 잘 어울리는 피칸은 고소하고 씹는 맛이 좋을 뿐 아니라 칼슘과 비타민 B군이 풍부해요.
캐러멜 맛 필링을 넣은 피칸 파이는 맛과 모양이 좋아 선물용으로도 그만이죠.
단, 칼로리가 높으니 너무 많이 먹지는 마세요.

How to cook

재료(18×18cm)

크러스트
생 아몬드 1컵
생 피칸 1컵
곶감 4개
(또는 대추야자 7개)
천일염 조금

고구마 필링
고구마 3개
생 피칸 1/2컵
곶감 2개
(또는 대추야자 3개)
물 1/2컵
코코넛오일 1큰술
아가베시럽 1/4컵
바닐라에센스 1작은술(선택)
계핏가루 1/2작은술
천일염 조금

장식
생 피칸 1컵

1 크러스트 만들기 아몬드와 피칸을 각각 8시간, 2시간 이상 물에 불렸다 말린다. 크러스트용 아몬드와 피칸을 푸드 프로세서에 넣어 간 뒤, 잘게 뜯은 곶감과 천일염을 넣고 마저 간다.

* 견과는 너무 오래 갈면 기름이 나오니 주의하세요. 손으로 만졌을 때 살짝 보슬보슬해서 뭉쳐질 정도로만 가세요.

2 틀에 눌러 담기 사각 무스 틀에 크러스트 반죽을 꾹꾹 눌러 담는다.

3 필링 만들기 고구마 필링 재료를 믹서에 넣어 곱게 간다.

4 필링 채우기 ②의 크러스트에 고구마 필링을 채워 담고 냉동실에 넣어 2시간 이상 굳힌다.

5 장식하기 피칸을 굵게 다져 파이 위에 올린다.

* 냉동보관 한 케이크는 먹기 1시간 전에 냉장실로 옮겨놓거나 15분 전에 꺼내두세요. 조금 녹은 뒤에 먹는 게 더 맛있어요.

Tip 바닐라에센스 대신 바닐라 빈을 써도 좋아요

바닐라에센스(또는 바닐라 엑스트랙트)는 음식의 향미를 높여 디저트에 많이 써요. 생재료는 아니지만 맛의 균형을 위해 로푸드 디저트에도 자주 씁니다.
순수한 바닐라 향을 내고 싶다면 바닐라 빈을 써보세요. 온라인 쇼핑몰에서 쉽게 구할 수 있고, 밀폐용기에 담아 건조한 곳에 두면 4개월 정도 보관할 수 있어요. 요리에는 씨를 쓰는데, 남은 껍질을 설탕에 박아두면 바닐라 향이 은은하게 밴답니다.
바닐라 빈은 칼이나 가위로 반 가른 뒤 칼등으로 속에 든 까만 씨를 긁어서 사용해요.

프루트 볼

새콤달콤 다양한 맛의 말린 과일로 에너지 넘치는 간단 디저트를 만들어보세요.
쫀득쫀득하고 상큼한 맛이 기분까지 좋게 만들어요.
간식으로 가지고 다니면서 단것이 당길 때 하나씩 꺼내 먹으면 좋아요.

How to cook

재료(각 7개)

살구 코코넛 볼
생 아몬드 1컵
건살구 1/2컵
물 2작은술
바닐라에센스 1작은술(선택)
천일염 조금
코코넛 슬라이스 적당량

무화과 카카오 볼
생 아몬드 1컵
건무화과 1/2컵
물 2작은술
바닐라에센스 1작은술(선택)
천일염 조금
생 카카오가루 적당량

크렌베리 볼
생 아몬드 1컵
말린 크랜베리 1/2컵
물 2작은술
바닐라에센스 1작은술(선택)
천일염 조금

1 **아몬드 갈기** 아몬드를 물에 8시간 이상 불렸다 말린 뒤, 푸드 프로세서에 넣어 보슬보슬하게 간다.

2 **반죽하기** 간 아몬드를 3등분해 각각 잘게 뜯은 말린 과일과 물, 바닐라에 센스, 천일염을 넣고 마저 간다.

* 물은 반죽이 손으로 뭉쳐질 정도가 되도록 조절해 넣으세요.

3 **모양 빚기** 반죽을 지름 3cm 정도로 뭉쳐 동그랗게 빚는다.

4 **토핑에 굴리기** 살구 코코넛 볼은 코코넛 슬라이스에, 무화과 카카오 볼은 생 카카오가루에 굴려 고루 묻힌다.

* 잘 뭉쳐지지 않으면 겉면에 물을 살짝 묻혀 굴리세요.

Tip 말린 과일에 영양이 더 풍부해요

로푸드 디저트에서 빠질 수 없는 재료가 바로 말린 과일이에요. 과일을 말리면 수분이 빠져 단맛이 강해지고 점성이 생겨 가루류를 뭉치기 쉬워요. 또 비타민, 미네랄 등 각종 영양소가 생과일보다 5~10배 많아지고 식이섬유도 풍부해지지요. 사과, 귤, 바나나와 같 은 과일을 얇게 썰어 말리면 훌륭한 간식도 된답니다.

딸기 샌드 쿠키

딸기를 조리는 대신 말린 크랜베리와 치아씨로 딸기잼을 만들어보세요.
쿠키와 함께 먹으면 상큼한 맛은 물론 아작아작 씹는 맛도 그만이에요.
딸기 철이 아니어도 언제든지 딸기잼을 맛볼 수 있답니다.

How to cook

재료(12개)

쿠키
생 아몬드 1컵
생 캐슈너트 1컵
코코넛 슬라이스 1컵
아가베시럽 2큰술
바닐라에센스 1작은술(선택)
천일염 조금

딸기잼
말린 크랜베리 1½컵
치아씨 2큰술
물 1/2컵

1 **반죽하기** 아몬드와 캐슈너트를 푸드 프로세서에 넣어 곱게 간 뒤, 코코넛 슬라이스, 아가베시럽, 천일염, 바닐라에센스를 넣고 점성이 생길 때까지 마저 간다.

* 견과는 너무 오래 갈면 기름이 나오니 주의하세요

2 **잼 만들기** 딸기잼 재료를 믹서나 푸드 프로세서에 넣고 점성이 생길 때까지 간다.

3 **쿠키에 잼 바르기** 넓은 도마나 판에 랩을 깔고 ①의 반죽을 직사각형으로 얇게 편다. 그 위에 잼을 펴 바른다.

4 **자르기** 랩과 반죽을 함께 반으로 접어 칼로 자른 뒤, 냉장보관 한다.

Variation 나만의 샌드 쿠키를 만들 수 있어요 ──────

딸기잼 대신 나만의 쿠키를 만들고 싶다면 잼의 종류를 바꿔보세요. 말린 크랜베리 대신 같은 양의 건무화과, 건포도, 건파인애플, 건살구 같은 다양한 건과일을 활용하면 다양한 맛과 색의 샌드 쿠키를 만들 수 있습니다.

part 6 디저트 • 181

레몬 사브레

레몬은 비타민 C가 풍부해 피로 해소와 피부건강에 좋고, 구연산이 몸에 쌓인 노폐물을 배출해요. 고소하고 아삭아삭한 코코넛 쿠키에 레몬제스트를 넣어 씹을 때마다 상큼함이 퍼지는 레몬 사브레. 나른한 오후의 피곤함을 물리치고 기분까지 상쾌하게 바꿔줄 거예요.

How to cook

재료(9개)

생 캐슈너트 1컵
코코넛 슬라이스 1컵
레몬즙 4큰술
레몬제스트 1큰술
아가베시럽 2큰술
코코넛오일 1작은술
천일염 조금

1 **레몬즙, 레몬제스트 준비하기** 레몬은 소금으로 깨끗하게 씻어 껍질 부분을 얇게 벗긴 후 곱게 다져 제스트를 만든다. 껍질을 벗긴 레몬은 즙을 짠다(p.79 참고).

2 **캐슈너트·코코넛 슬라이스 갈기** 캐슈너트를 2시간 이상 물에 불렸다 말린 뒤, 푸드 프로세서로 간다. 여기에 코코넛 슬라이스를 넣고 마저 간다.

* 견과는 너무 오래 갈면 기름이 나오니 주의하세요.

3 **반죽하기** ②에 레몬즙, 레몬제스트, 아가베시럽, 코코넛오일, 천일염을 넣고 잘 섞는다.

4 **모양 빚기** 반죽을 지름 5cm로 동글납작하게 빚은 뒤, 칼등으로 눌러 모양을 낸다. 냉동실에서 30분 이상 굳혀 냉동 또는 냉장보관 한다.

* 사브레 반죽은 칼 옆면이나 컵 밑면으로 살짝 누른 뒤 가장자리를 다듬으면 깔끔하게 만들 수 있어요.

Tip 레몬즙을 쉽게 짜려면?

레몬즙을 짤 때 생각만큼 즙이 잘 나오지 않아 애를 먹는 경우가 있어요. 레몬을 따뜻한 물에 담갔다가 꺼내 바닥에 놓고 손으로 굴리면 껍질이 부드러워져서 즙이 더 많이 나와요. 레몬즙을 자주 쓴다면 스퀴저를 갖춰두는 것도 좋아요.

초코 크런치

생 카카오가루로 만든 바삭하고 달콤한 초코 크런치. 견과, 말린 과일, 씨앗 등의 재료를 원하는 대로 바꿔 넣어 만들 수 있어요. 재료에 따라 모양이 가지각색이어서 선물용으로도 좋아요.

How to cook

재료(24개)
생 아몬드 1/4컵
건살구 1/4컵
생 카카오가루 1/2컵
코코넛오일
(또는 코코넛버터) 1/2컵
아가베시럽 1/4컵
바닐라에센스 1작은술(선택)
천일염 조금

1 **코코넛오일·카카오가루 섞기** 녹은 코코넛오일에 생 카카오가루와 아가베시럽을 넣어 잘 섞는다.

2 **아몬드·건살구 섞기** ②에 아몬드와 건살구를 잘게 다져 반씩 넣어 섞는다.

* 아몬드와 건살구 대신 건포도, 코코넛 슬라이스 등의 말린 과일이나 호두, 피칸 등의 견과, 호박씨, 해바라기씨 등의 씨앗, 말린 메밀 등을 1/2컵 넣고 생강, 오렌지제스트, 계핏가루, 민트, 커피 엑스트랙트 등의 향신료 1작은술을 섞어도 좋아요.

3 **초콜릿 굳히기** 사각 팬에 유산지나 랩을 깔고 ③을 부은 뒤 나머지 아몬드와 건살구를 뿌린다. 냉동실에서 30분 이상 굳힌다.

* 초콜릿 몰드를 활용해도 좋아요.

4 **자르기** 굳힌 초콜릿을 손으로 잘라 냉동보관 한다.

Tip 코코넛버터와 코코넛오일이 굳었다면?

코코넛버터와 코코넛오일은 로푸드 케이크가 상온에서 잘 녹지 않게 도와주는 역할을 하는데, 25℃ 이하에서 굳는 성질이 있어 추운 겨울에는 하얗게 굳는 것을 자주 볼 수 있어요. 이때는 쓸 만큼만 꺼내 뜨거운 물에 중탕으로 녹여 쓰세요.

과일 크레이프

바나나는 식이섬유가 풍부해 장운동을 활발하게 하고 칼륨이 많아 나트륨 배출에도 도움이 돼요.
프랑스어로 얇은 팬케이크를 뜻하는 크레이프에 바나나를 올려 야들야들하고 쫀득쫀득한 맛을 즐겨보세요.

How to cook

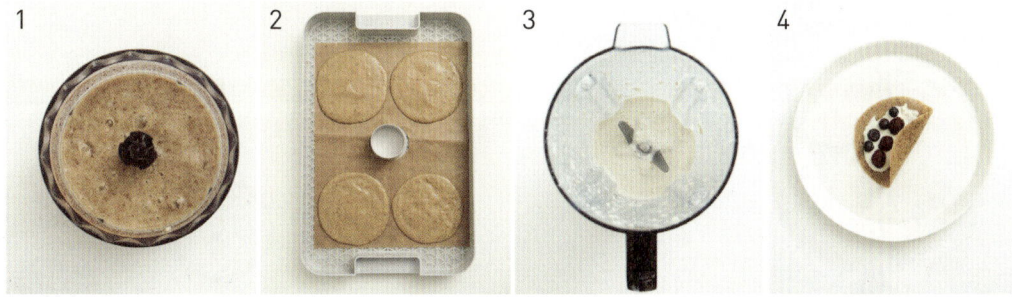

재료(4장)

크레이프
바나나 2개
레몬즙 1큰술
계핏가루 1/2작은술

캐슈너트생크림
생 캐슈너트 1/2컵
물 1/4컵
코코넛오일 1작은술
아가베시럽 2작은술
천일염 조금

장식
산딸기 1/4컵
블루베리 1/4컵

1 **반죽하기** 크레이프 재료를 믹서에 넣어 곱게 간다.

2 **얇게 펴 건조하기** 시트에 반죽을 지름 12cm 크기로 동그랗고 얇게 편다. 46℃의 식품건조기에 넣어 6시간 이상 말린다.

* 반죽이 너무 얇으면 떼어낼 때 찢어질 수 있으니 주의하세요.

3 **캐슈너트생크림 만들기** 캐슈너트를 물에 불린 뒤 나머지 생크림 재료와 함께 믹서에 넣고 곱게 간다.

4 **크레이프 말기** 완성된 크레이프 위에 캐슈너트생크림과 과일을 올려 접는다.

* 생 카카오가루 1/4컵, 메이플시럽 3큰술, 코코넛오일 2큰술을 섞어 초코 드리즐을 만들어 뿌려 먹어도 맛있어요.

Tip 바나나는 적당히 익혀 냉동보관 하세요

후숙 과일인 바나나는 거뭇거뭇한 점이 생겼을 때가 가장 맛있어요. 하지만 너무 오래 두면 까맣게 변해버리기 때문에, 적당히 익으면 껍질을 벗겨 4~5등분한 뒤 지퍼백에 넣어 냉동보관 하세요. 스무디에 얼음 대신 넣어도 좋고, 아이스크림처럼 먹을 수도 있어요.

건조 칩 삼총사

입이 심심하다면 자연을 그대로 말린 칩을 간식으로 추천합니다. 합성첨가물이 가득한 과자보다 담백하고 영양가도 높아 다이어트 간식으로 안성맞춤이에요. 취향대로 만들 수 있어요.

How to cook

재료(2인분)

치즈 맛 케일 칩
케일 1줌
애호박 1개
파프리카 1/2개
영양효모 1/3컵
생 발효간장 2작은술
레몬즙 2작은술
마늘 1쪽
천일염 조금

핫 호박 칩
애호박 2개
생 사과식초 2큰술
올리브유 2큰술
이탈리안 시즈닝
(또는 말린 허브) 1작은술
고운 고춧가루 1/3작은술
천일염 조금

가지 베이컨
가지 1개
생 발효간장 2큰술
생 사과식초 2큰술
올리브유 2큰술
아가베시럽 2큰술
천일염 조금
후춧가루 조금

* 이탈리안 시즈닝은 타임, 로즈메리, 오레가노, 바질 등의 다양한 말린 허브를 섞은 향신료예요.

1 케일 칩 양념하기 케일을 잎 부분만 먹기 좋은 크기로 뜯는다. 나머지 재료를 믹서에 곱게 갈아 케일에 넣고 버무린다.

2 호박 칩 양념하기 호박을 1.5mm두께로 썬다. 나머지 재료를 섞어 넣고 버무린다.

* 채칼로 썰면 일정한 두께로 썰기 쉬워요.
* 이탈리안 시즈닝이 없다면 집에 있는 다양한 허브를 활용해도 좋아요.

3 가지 베이컨 양념하기 가지는 필러로 길고 얇게 썬다. 나머지 재료를 섞어 가지에 고루 바른다.

4 건조하기 시트에 채소를 올려 46℃의 식품건조기에서 바삭해질 때까지 6~8시간 말린다.

* 건조시간을 줄이면 말랑말랑한 칩을 즐길 수 있어요.

Tip 건조 칩은 밀폐용기에 담아 냉장보관 하세요

채소를 말리면 부피가 크게 줄어들기 때문에 한 번에 넉넉하게 만들어두면 좋아요. 밀폐용기에 담아 냉장보관 하면 눅눅하지 않게 오래 보관할 수 있어요. 시간이 오래 지나 눅눅해졌다면 식품건조기에 다시 한 번 말리면 돼요.

Variation 다양하게 즐기는 채소 칩

채소를 양념할 때 후무스(p.117) 등 다양한 소스를 활용하세요. 브로콜리, 버섯, 케일, 호박, 가지 등을 버무려 말리면 색다른 맛을 즐길 수 있어요. 감자, 고구마, 연근과 같은 뿌리채소는 별도의 양념 없이 물에 담가 전분을 뺀 뒤 말리면 바삭하고 담백해요.

아마씨 크래커

아마씨에는 오메가-3지방산과 식물성 에스트로겐, 비타민과 미네랄이 듬뿍 들어 있어요.
씹는 맛이 좋은 아마씨 크래커는 알싸한 양파 딥을 곁들여도 잘 어울리고,
잘게 부숴 샐러드나 수프에 뿌려 먹어도 맛있어요.

How to cook

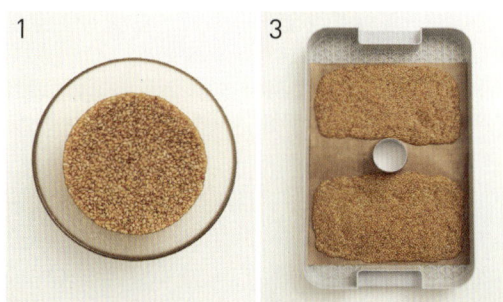

재료(2인분)
아마씨 1컵
물 1컵
생 발효간장 1큰술

양파 딥
양파 1/2컵
해바라기씨
(또는 생 캐슈너트) 1/4컵
물 5큰술
생 발효간장 1작은술
천일염 조금
후춧가루 조금

1 **아마씨 불리기** 아마씨를 물에 담가 불린다.
2 **간장 섞기** 불린 아마씨에 간장을 넣어 섞는다.
3 **건조하기** 시트에 반죽을 얇게 펴고 알뜰주걱으로 네모지게 모양을 잡는다. 46℃의 식품건조기에서 2시간 정도 말린다.
4 **자르기** 꾸덕꾸덕한 느낌이 들면 칼로 선을 그어 칼집을 낸다. 시트를 떼고 통풍이 잘 되게 해 6~8시간 이상 바삭하게 말린 뒤 칼집대로 끊는다.

* 식품건조기가 없으면 오븐을 가장 낮은 온도로 맞춰 30분 정도 구운 뒤, 꺼내서 식혀 칼집을 내고 뒤집어서 마저 구워 완전히 식히세요.

Tip 반죽을 흐트러지지 않게 뒤집으려면?
건조 칩이나 크래커를 만들 때 윗면이 꾸덕꾸덕해진 다음에 뒤집어야 위아래가 골고루 잘 말라요. 이때 크래커가 덜 마른 상태이기 때문에 자칫 모양이 흐트러질 수 있으니 주의하세요. 크래커 쟁반에 빈 쟁반을 마주 덮어 그대로 뒤집으면 쉽게 뒤집을 수 있어요.

매콤 검은깨 스틱

검은깨의 고소함과 고추냉이의 매콤함이 잘 어울리는 로푸드 과자예요. 오독오독 씹는 맛이 살아 있어 자꾸자꾸 손이 간답니다. 항산화 작용이 있고 피부에도 좋은 검은깨 스낵으로 건강을 지키세요.

How to cook

재료(2인분)

생 아몬드 2컵
아마씨 1/4컵
검은깨 1/2컵
고추냉이 2작은술
물 1/2컵
올리브유 1큰술
참기름 1큰술
천일염 1작은술

1 **아몬드·아마씨 갈기** 아몬드와 아마씨를 믹서나 푸드 프로세서에 넣어 곱게 간다.
2 **반죽하기** ①에 검은깨, 천일염, 올리브유, 참기름을 넣고 고추냉이를 물에 잘 풀어 넣어 고루 섞는다.
3 **건조하기** 시트에 반죽을 얇게 펴 46℃의 식품건조기에서 2시간 정도 말린다.
4 **자르기** 꾸덕꾸덕해지면 칼로 선을 그어 칼집을 낸다. 시트를 떼고 통풍이 더 잘 되게 해 6시간 이상 바삭하게 말린 뒤 칼집대로 끊는다.

Variation 달콤 검은깨 스틱

매콤한 맛이 싫다면 고추냉이 대신 생꿀이나 아가베시럽을 넣어 고소하고 달콤하게 만들어도 좋아요.

김 크래커

미네랄이 풍부한 김은 대표적인 알칼리성 식품이에요.
누구나 좋아하는 김과 견과 스프레드로 몸에 좋은 크래커를
만들었어요. 반찬으로뿐 아니라 특유의 맛과 향 때문에
간식으로도 매력 만점이에요.

How to cook

재료(2인분)

김 4장

견과 스프레드
생 아몬드 1/2컵
생 해바라기씨 1컵
시금치 1/4줌
마늘 1쪽
물 3큰술
레몬즙 1큰술
생 발효간장 2작은술
미소(일본 된장) 1작은술
천일염 조금

1 **스프레드 만들기** 아몬드를 물에 8시간 이상 불려 나머지 스프레드 재료와 함께 푸드 프로세서에 넣어 간다.

2 **김에 스프레드 바르기** 김 1장을 펼치고 ①의 스프레드를 얇게 펴 바른 뒤, 김 1장을 덮어 누른다.

3 **건조하기** ②를 46℃의 식품건조기에 넣어 2시간 말린다.

4 **자르기** 꾸덕꾸덕해지면 가로세로 4cm로 잘라 식품건조기에서 4시간 이상 더 말린다.

Variation 아마씨 김 크래커

아마씨와 김을 갈아서 생 발효간장으로 간해 말려도 담백하고 맛있어요. 매콤한 맛을 좋아한다면 고운 고춧가루나 카옌페퍼가루를 넣으세요.

옥수수 나쵸

생 옥수수로 만들어 담백하고 고소한 다이어트 간식이에요. 치즈 소스, 사워크림과 타코 미트를 곁들이면 풍미가 더 살아나요. 토마토살사 소스나 과카몰리를 얹으면 푸짐한 한 끼로도 손색없어요.

How to cook

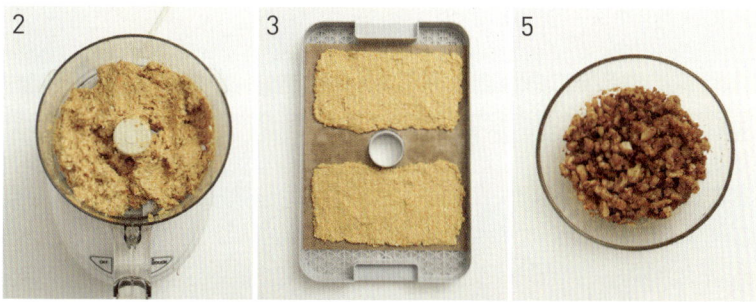

재료(2인분)

옥수수 알 3컵
아마씨 1/2컵
노란색 파프리카 1개
마늘 1쪽
레몬즙 1작은술
고운 고춧가루 2작은술(선택)
쿠민 1작은술(선택)
천일염 1작은술

타코 미트

다진 호두 1컵
생 발효간장 1큰술
다진 마늘 1작은술
고운 고춧가루 1/2작은술
쿠민 1큰술(선택)
천일염 조금
후춧가루 조금

1 **옥수수·파프리카 손질하기** 옥수수는 껍질을 벗기고 칼등으로 긁어 알만 떼어낸다. 파프리카는 한 입 크기로 썬다.

2 **반죽하기** 아마씨를 믹서에 곱게 간 뒤, 나머지 나초 재료를 모두 넣어 마저 간다.

3 **건조하기** 시트에 ②의 반죽을 얇게 펴 46℃의 식품건조기에서 10시간 정도 윗면이 마르도록 건조한다.

4 **모양내기** 꾸덕꾸덕해지면 칼로 선을 그어 칼집을 낸다. 시트를 떼고 통풍이 잘 되게 해 10시간 이상 바삭하게 말린 뒤 칼집대로 끊는다.

5 **타코 미트 만들기** 타코 미트 재료를 볼에 넣어 섞는다.

6 **그릇에 담기** 그릇에 나초와 타코 미트를 담는다. 취향에 따라 토마토살사 소스나 과카몰리(p.85)를 곁들인다.

Tip 옥수수 저장법

7월에서 9월이 제철인 옥수수는 냉동실에 저장해두면 오래 먹을 수 있어요. 생옥수수를 칼이나 손으로 알맹이만 분리한 뒤 지퍼백에 넣어 냉동실에 저장하세요. 수분이 많아 상온에서 상하기 쉬운 생옥수수를 고유한 맛과 영양 그대로 언제든 먹을 수 있답니다.

바닐라 아이스크림과 초코 볼

포만감을 주는 바나나와 달콤한 초콜릿이 어우러진 인기 디저트예요.
바닐라 아이스크림은 맛은 물론 얼린 바나나만 있으면
뚝딱 만들어 먹을 수 있어 더 사랑스러운 1석 2조 디저트랍니다.

How to cook

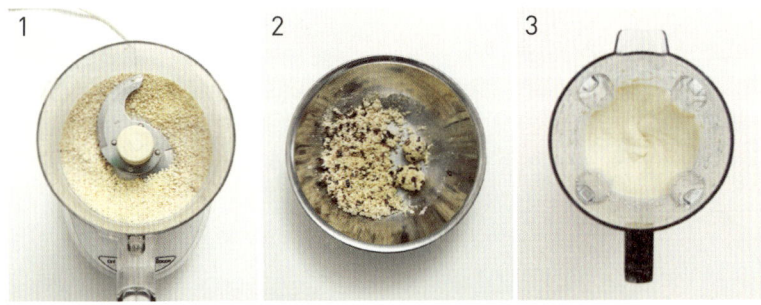

재료(2인분)

바닐라 아이스크림
얼린 바나나 2개
바닐라에센스 1작은술(선택)

초코 볼
생 캐슈너트 1/2컵
카카오닙
(또는 유기농 다크초콜릿)
1½큰술
메이플시럽
(또는 아가베시럽) 1큰술
코코넛오일 1작은술
천일염 조금

1 **초코 볼 반죽하기** 생 캐슈너트를 물에 2시간 이상 불렸다 말린 뒤, 푸드 프로세서에 넣어 간다. 볼에 간 캐슈너트와 나머지 초코 볼 재료를 넣어 섞는다.

* 카카오닙은 발효시킨 카카오원두를 로스팅 한 뒤 껍질을 벗겨 적당하게 부순 알갱이로, 로푸드 디저트 토핑으로 자주 쓰이는 재료예요.

2 **초코 볼 모양 빚기** ①의 반죽을 지름 2cm로 동그랗게 빚는다.

3 **언 바나나 갈기** 아이스크림 재료를 믹서나 푸드 프로세서에 넣고 부드러워질 때까지 간다.

* 믹서가 잘 돌아가지 않으면 물 1~2큰술을 넣으세요. 바나나는 껍질을 벗겨 4~5등분해 얼려두면 편리해요.

4 **그릇에 담기** 아이스크림을 스쿠프로 떠서 그릇에 담고 초코 볼을 곁들인다.

Variation 과일 아이스크림

얼린 바나나 2개에 얼린 베리류(블루베리, 딸기 등), 망고, 파인애플 등을 1컵 더해 다양한 과일 아이스크림을 만들어 즐기세요. 바닐라 아이스크림에 카카오가루나 녹차가루, 홍차가루, 민트 등을 넣어도 좋아요.

과일 셔벗

과일 주스를 얼려 간단하게 만드는 셔벗은 유지방이 들어가지 않아 깔끔하면서도 청량한 맛이 일품이에요. 수박, 배, 포도, 오렌지, 멜론과 같이 수분이 많은 과일을 이용해 시원하고 달콤한 디저트를 즐기세요.

How to cook

재료(2인분)

키위 셔벗
키위 4개
아가베시럽 1큰술

오렌지 셔벗
오렌지 2개
아가베시럽 2작은술

1 **키위·오렌지 손질하기** 키위와 오렌지는 껍질을 벗기고 갈기 쉬운 크기로 썬다.
2 **키위·오렌지 갈기** 키위와 오렌지를 각각 아가베시럽과 믹서에 함께 넣어 간다.
3 **셔벗 만들기** ②를 따로 그릇에 담아 냉동실에 3시간 이상 얼린 뒤, 포크로 긁어 한 번 더 얼린다.
4 **그릇에 담기** ③의 셔벗을 스쿠프로 떠서 그릇에 담는다.

Tip 과일 셔벗을 만들 때는 시럽을 넣으세요

과일을 갈거나 즙을 내 얼리면 당도가 떨어져요. 아가베시럽이나 꿀을 넣어야 적당히 단맛을 낼 수 있어요.

Plus recipe

브런치로, 간식으로, **건조 빵 베이킹**

건조 스낵에 자신이 생겼다면 건조 빵에 도전해보세요.
칩이나 크래커 반죽을 두껍게 만들기만 하면 빵이 되고, 바삭함과 촉촉함도 조절할 수 있어요.
곡류, 견과류, 씨앗류 가루라면 어떤 것으로든 대체할 수 있다는 장점도 있답니다.

담백 베이글

샌드위치나 피자에 활용할 수 있다. 취향에 따라 허브나 올리브, 건포도 등을 넣어도 좋다.

재료(4개) 생 아몬드 1/2컵, 아마씨 1컵, 코코넛 슬라이스 1/2컵, 건포도 1/4컵(선택), 물 2큰술, 아가베시럽 2큰술, 계핏가루 1작은술, 천일염 조금

1 재료 갈기 아마씨와 아몬드, 코코넛 슬라이스를 믹서나 푸드 프로세서에 넣어 곱게 간다. 간 재료와 나머지 재료를 볼에 담아 섞는다.

* 농도에 따라 물의 양을 조절하세요.

2 모양 빚기 반죽을 4덩이로 나눈 뒤 납작하고 동그랗게 베이글 모양을 만들어 건조기 시트에 올린다.

3 건조하기 46℃의 식품건조기에서 12시간 이상 말린다.

달콤 사과빵

은은하게 풍기는 사과 향이 입맛을 돋운다. 촉촉하면서 담백한 맛이 일품이다.

재료(4개) 사과 2개, 아마씨 3/4컵, 생 해바라기씨 1/2컵, 아가베시럽 1큰술, 계핏가루 1작은술

1 재료 갈기 아마씨와 해바라기씨를 믹서나 푸드 프로세서에 넣어 곱게 간다. 사과는 씨앗을 제거하고 푸드 프로세서에 거칠게 간다. 간 재료들과 시럽, 계핏가루를 첨가해 볼에 담아 섞는다.

2 건조하기 ①의 반죽을 시트에 2cm 두께로 펼쳐 46℃의 식품건조기에서 12시간 말린다.

3 자르기 칼로 6등분한 뒤 시트를 떼고 식품건조기에서 12시간 이상 더 말린다.

시나몬 토스트

계피 향이 물씬 풍기는 시나몬 토스트는 간단한 브런치로 좋다. 로푸드 잼이나 캐슈너트크림을 곁들이면 더 맛있다.

재료(4개) 생 아몬드(또는 아몬드펄프) 1컵, 아마씨 1컵, 애호박 2/3개, 아가베시럽 1/2컵, 계핏가루 2큰술

1 재료 갈기 아마씨와 아몬드를 믹서나 푸드 프로세서에 넣고 곱게 간다. 껍질 벗긴 애호박과 아가베시럽, 계핏가루를 넣어 마저 간다.

2 건조하기 ①의 반죽을 시트에 2cm 두께로 펼쳐 46℃의 식품건조기에서 14시간 말린다.

3 자르기 삼각형으로 자른 뒤 시트를 떼고 식품건조기에서 12시간 이상 더 말린다.

바나나 호두 파운드케이크

바나나의 달콤한 맛과 향이 느껴지고, 호두가 씹혀 고소하다. 디저트로 내기에 좋다.

재료(2개) 귀리 1/2컵, 아마씨 2큰술, 코코넛 슬라이스 4작은술, 아몬드펄프 1컵, 바나나 1개, 곶감 1개, 레몬즙 1작은술, 계핏가루 2작은술, 아가베시럽 2큰술, 천일염 조금
토핑 다진 생 호두 1/2컵, 잘게 썬 바나나 1/2개

1 재료 갈기 귀리, 아마씨와 코코넛 슬라이스를 믹서나 푸드 프로세서에 넣어 곱게 간 뒤 볼에 담아둔다.

2 페이스트 만들기 아몬드펄프, 바나나, 곶감, 레몬즙과 계핏가루, 아가베시럽 2큰술, 천일염을 믹서나 푸드 프로세서에 갈아 페이스트를 만든다.

3 바나나·호두 섞기 ②에 다진 호두, 잘게 썬 바나나를 볼에 담아 섞는다.

4 건조하기 ③의 반죽을 파운드케이크 모양으로 뭉친 뒤 46℃의 식품건조기에서 24시간 이상 말린다. 토핑으로 호두를 박아도 좋다.

납작 피자 맛 빵

토마토의 풍미가 은은한 피자 맛 빵은 담백하면서도 알싸한 마늘 향이 돌아 우리 입맛에 잘 맞는다. 촉촉하면서 고소해 든든한 간식으로 좋다.

재료(2개) 아마씨 3/4컵, 말린 토마토 5개, 방울토마토 6~8개, 붉은 파프리카 1/2개, 마늘 1쪽, 이탈리안 시즈닝 1작은술, 천일염 조금, 후추 조금, 고춧가루 조금(선택)

1 재료 갈기 아마씨를 믹서나 푸드 프로세서에 넣어 곱게 간다. 나머지 재료를 넣고 마저 간다.

2 건조하기 ①의 반죽을 시트에 1cm 두께로 펼쳐 46℃의 식품건조기에서 9시간 말린다.

3 자르기 사각형으로 자른 뒤 시트를 떼고 3시간 이상 식품건조기에 더 말린다. 토핑으로 올리브를 올려도 좋다.

로푸드, 이것이 궁금해요

Q1 다이어트 전에 주스 디톡스를 추천하는 이유가 뭔가요?

우리 몸은 먹는 것보다 비우는 것이 중요해요. 체내에 쌓인 독소를 효과적으로 제거할 수 있는 주스 디톡스는 소화기관의 균형을 바로잡고 식탐을 조절해주기 때문에 다이어트 효과를 극대화시킬 수 있답니다. 단식과 달리 소화 흡수가 가장 빠른 형태의 주스를 마심으로써 미네랄, 비타민, 수분, 효소를 충분히 섭취할 수 있어요. 또한 디톡스 기간 동안 소화기관에 휴식을 주며 본인의 식생활을 되돌아볼 수 있어 다이어트 전 몸과 마음을 정비하는 데도 좋습니다.

Q2 주스와 스무디의 차이는 무엇인가요?

주스는 주서로 과채류를 착즙한 것으로 섬유질이 없기 때문에 인체에 가장 빠르게 흡수되고, 소화하는 데 드는 에너지를 절감시켜 주죠. 디톡스 시 스무디보다 주스를 추천하는 이유도 즙 속에 풍부한 미네랄과 비타민, 수분이 15분 내외로 가장 빨리 흡수돼 소화기관을 효과적으로 쉬게 해주기 때문입니다. 반면 스무디는 재료를 믹서로 곱게 갈아서 섬유질이 포함돼 있어요. 섬유질은 체내 독소를 배출해주고 장 활동을 촉진시켜주며 주스보다 포만감을 줄 수 있어요. 집에 주서가 없거나 주스만으로 포만감이 들지 않는다면 스무디와 함께 마셔도 좋답니다.

Q3 생채식만 먹으면 오히려 질려서 요요현상이 더 쉽게 오지 않을까요?

단식, 초저열량 다이어트, 원푸드 다이어트, 황제 다이어트 등 극심한 식이조절로 살을 뺀 수많은 다이어터들에게 요요현상이 오는 이유는 근본적인 식습관을 고치지 못했기 때문이에요. '일단 빼고 보자'는 식의 잘못된 다이어트는 일시적인 성공은 가져올 수 있지만 기초대사율을 낮춰 폭식과 식탐 같은 식이장애로 이어질 수 있어요. 다이어트는 맛있게 먹고, 꾸준히 할 수 있는 '식습관 개선'이 우선되어야 하죠. 다양한 메뉴로 개발된 로푸드 식단은 건강에도 좋고, 맛도 뛰어나 영양밀도가 높은 과채류와 통곡물을 제한 없이 섭취함으로써 포만감이 쉽게 오고 감정적인 만복감도 느낄 수 있어요. 또한 극심한 식이조절로 오기 쉬운 변비 역시 충분한 수분과 식이섬유 섭취로 극복할 수 있습니다. 다이어트 할 때 특히 끊기 어려웠던 디저트류도 몸에 좋은 견과류를 활용한 케이크, 아이스크림, 스낵류로 만들어 먹을 수 있어 일부러 참을 필요가 없어요.

Q4 로푸드 다이어트 시 무조건 100% 생채식만 해야 하나요?

로푸드 다이어트를 한다고 모든 일반 식이를 제한할 필요는 없어요. 실제로 제일 많은 로푸디스트들이 50~70%의 로푸드 식이를 실천합니다. 매끼 야채주스나 샐러드만 조금씩 곁들여도 이를 쉽게 실천할 수 있어요. 아침은 그린 스무디와 과일로 가볍게 시작하고 점심, 저녁에는 현미밥 식단에 샐러드만 조금 곁들여도 이미 50%이상 로푸드 다이어트를 실천하는 셈이 됩니다. 특히나 생채 반찬이 다양한 한식 식단에서는 조금만 신경 쓴다면 생활 속 로푸드 다이어트가 가능합니다. 꾸준히 그 비율을 높이면 몸이 가벼워지면서 건강한 음식에 대한 변화를 몸소 체험해 자연스럽게 생채식 식단으로 넘어가게 됩니다. 평소의 식단에서 가공식품, 패스트푸드, 육류를 하나씩 빼가며 오늘부터 실천해보세요.

Q5 채식만 먹는 로푸드 다이어트 시 단백질이 부족하지 않을까요?

단백질이라고 하면 대부분 육류나 유제품을 떠올리죠. 하지만 로푸드에서도 통곡물, 녹색잎 야채, 과일, 씨앗류와 견과류를 통해 충분한 식물성 단백질을 섭취할 수 있어요. 성인이 하루에 섭취해야 할 단백질은 총 칼로리의 5~10% 정도밖에 되지 않는데 오히려 현대인은 단백질 과잉 상태에 빠지기 쉬워요. 단백질 과잉은 장내 부패를 일으켜 유해물의 증가와 동맥경화를 초래하며 다량의 노폐물을 소변으로 배설해 신장에 부담을 주기도 쉽죠. 콜레스테롤이나 포화지방산이 많은 동물성 단백질 대신 식이섬유소와 미네랄이 풍부한 건강한 단백질을 섭취하세요. 케일, 시금치와 같이 색이 짙은 녹색잎 채소와 새싹채소, 메밀, 귀리와 같은 통곡물, 견과류, 씨앗류에 특히 단백질이 풍부하답니다. 그린 스무디에 한 스푼 섞어 갈거나 샐러드에 토핑처럼 뿌려먹는 것도 좋은 방법이에요.

Q6 로푸드 요리 시 필요한 도구가 많은데 모두 구입해야 하나요?

과일과 채소를 그냥 먹어도 좋지만 주서나 고속 믹서, 건조기 같은 도구는 로푸드 요리를 훨씬 다양하게 만드는 재미를 준답니다. 그렇다고 모든 기구를 한꺼번에 구입할 필요는 없어요. 집에 하나씩 있는 작은 믹서로 스무디부터 차근차근 본인에게 맞는 도구를 구입해보세요. 가장 유용한 도구는 푸드 프로세서예요. 이것만 있어도 웬만한 수프, 소스, 디저트 등 로푸드 요리의 70~80%를 만들 수 있기 때문이죠. 본인이 많이 먹는 메뉴를 기준으로 구입 목록을 정하고 점차 로푸드 요리에 적응했다 싶으면 고속 믹서나 식품건조기를 구입해 맛과 만드는 재미를 동시에 느껴보세요.

Q7 생소한 로푸드 재료는 어디서 구할 수 있나요?

로푸드 요리에는 생 카카오파우더나 치아씨, 영양효모 등 생소한 재료가 많이 필요하죠. 최근에는 이러한 식재료들도 온라인 매장이나 대형마트 식품코너에서 쉽게 구할 수 있어요. 생 사과식초, 생 발효간장, 핑크소금처럼 국내에서 찾기 어려운 재료는 충분히 다른 것으로 대체 가능해요. 최근에는 로컬 푸드, 유기농 매장의 증가로 꼭 생으로 된 제품이 아니더라도 정직하고 좋은 먹거리들이 많아요. 우리 땅에서 나는 유기농 식초나 간장, 천일염 등을 활용해 다양한 로푸드 요리를 즐겨보세요.

Q8 시중에서 판매되는 스무디나 주스를 마셔도 괜찮을까요?

시판 스무디나 주스는 각종 첨가물이 가득한 탄산음료보다는 좋아요. 하지만 꼭 100% 과채류 주스인지 성분표시를 확인하고 구입하세요. 똑같아 보이는 오렌지주스라도 100%, 무첨가, NFC, 유기농 등 형태와 종류가 다양해요. 하지만 100% 오렌지주스라고 적힌 제품도 성분표시를 자세히 보면 '오렌지농축액' 라벨을 붙인 농축환원주스일 가능성이 높습니다. 이런 제품은 과일과 채소 본연의 향미와 영양소가 농축 과정에서 파괴돼 직접 착즙한 주스나 스무디와는 분명히 다릅니다. 가능한 한 영양소가 고스란히 살아 있도록 직접 착즙한 주스나 스무디를 마시도록 하세요. 최근에는 신선한 채소와 과일로 직접 갈고 즙을 내 음료를 만들어주는 주스 바나 카페가 많아져 외식할 때도 어렵지 않게 건강음료를 마실 수 있답니다.

쉽게 따라 할 수 있는 4주 로푸드 식단

	일	월	화
1주	**아침** 그린 스무디 500ml **점심** 그리스풍 믹스 샐러드, 오렌지 스콘 **간식** 퍼플 주스 200~500ml **저녁** 토마토 스파게티, 케일 건조 칩	**아침** 레드 스무디 500ml **점심** 말린 과일 자몽 샐러드 그린 에너지 수프 **간식** 옐로 주스 200~500ml **저녁** 카레 볶음밥, 과일 셔벗	**아침** 옐로 스무디 500ml **점심** 버섯불고기 샐러드, 토마토 가스파초 **간식** 레드 주스 200~500ml **저녁** 아몬드 소스 그린 랩, 프루트 볼
2주	**아침** 퍼플 스무디 500ml **점심** 시저 샐러드, 오트밀 **간식** 그린 주스 200~500ml **저녁** 버섯크림 페투치네, 가지 건조 칩	**아침** 그린 스무디 500ml **점심** 스파이시 토마토 샐러드, 단호박 수프 **간식** 퍼플 주스 200~500ml **저녁** 새송이버섯 덮밥, 초코 크런치	**아침** 레드 스무디 500ml **점심** 들깨초 우엉 샐러드, 카카오 에너지 바 **간식** 옐로 주스 200~500ml **저녁** 깐풍 소스 미트볼, 오리엔탈 케일 샐러드
3주	**아침** 옐로 스무디 500ml **점심** 오리엔탈 케일 샐러드, 버섯 크림수프 **간식** 레드 주스 200~500ml **저녁** 다시마 무밥 말이, 브라우니	**아침** 퍼플 스무디 500ml **점심** 사과 비트 샐러드, 오이 사과 가스파초 **간식** 그린 주스 200~500ml **저녁** 냉잡채, 검은깨 스틱	**아침** 그린 스무디 500ml **점심** 버섯불고기 샐러드, 단호박 수프 **간식** 퍼플 주스 200~500ml **저녁** 미니 피자, 바나나 아이스크림
4주	**아침** 레드 스무디 500ml **점심** 양상추 당근 드레싱 샐러드, 그린 에너지 수프 **간식** 옐로 주스 200~500ml **저녁** 카레 볶음밥, 바나나 아이스크림	**아침** 옐로 스무디 500ml **점심** 들깨초 우엉샐러드, 사과 비트 수프 **간식** 레드 주스 200~500ml **저녁** 콩국수, 가지 건조 칩	**아침** 퍼플 스무디 500ml **점심** 시저 샐러드, 오트밀 **간식** 그린 주스 200~500ml **저녁** 아몬드 소스 그린랩, 옥수수 나초

수	목	금	토
아침 퍼플 스무디 500ml	**아침** 그린 스무디 500ml	**아침** 레드 스무디 500ml	**아침** 옐로 스무디 500ml
점심 리코타치즈 샐러드, 오이 사과 가스파초	**점심** 오리엔탈 케일 샐러드, 버섯 크림수프	**점심** 양상추 당근 드레싱 샐러드, 그래놀라	**점심** 쌈장 드레싱 숙주샐러드, 치아씨 푸딩
간식 그린 주스 200~500ml	**간식** 퍼플 주스 200~500ml	**간식** 옐로 주스 200~500ml	**간식** 레드 주스 200~500ml
저녁 오이 쫄면, 김 크래커	**저녁** 참치 맛 김밥, 바닐라 아이스크림	**저녁** BBQ 소스 수제버거, 애호박 건조 칩	**저녁** 옛날식 간장밥과 무생채, 브라우니
아침 옐로 스무디 500ml	**아침** 퍼플 스무디 500ml	**아침** 그린 스무디 500ml	**아침** 레드 스무디 500ml
점심 참깨소스 브로콜리 샐러드, 그린 에너지 수프	**점심** 그리스풍 믹스 샐러드, 그래놀라	**점심** 팽이버섯 샐러드, 토마토 가스파초	**점심** 후무스 찹 샐러드, 치아씨 푸딩
간식 레드 주스 200~500ml	**간식** 그린 주스 200~500ml	**간식** 퍼플 주스 200~500ml	**간식** 옐로 주스 200~500ml
저녁 골동면, 아마씨 크래커	**저녁** 깻잎 견과류 쌈밥, 바나나 아이스크림	**저녁** 양파빵 샌드위치, 과일 셔벗	**저녁** 삼색 라자냐, 옥수수 나초
아침 레드 스무디 500ml	**아침** 옐로 스무디 500ml	**아침** 퍼플 스무디 500ml	**아침** 그린 스무디 500ml
점심 콘샐러드, 오렌지 스콘	**점심** 마른 과일 자몽샐러드, 홍시 마 요구르트	**점심** 쌈장 드레싱 숙주 샐러드, 토마토 가스파초	**점심** 리코타치즈 샐러드, 그래놀라
간식 옐로 주스 200~500ml	**간식** 레드 주스 200~500ml	**간식** 그린 주스 200~500ml	**간식** 퍼플 주스 200~500ml
저녁 우엉밥과 고추장 느타리무침, 케일 건조 칩	**저녁** 고구마 아몬드 국수, 레몬 사브레	**저녁** BBQ 소스 수제버거, 과일 셔벗	**저녁** 매콤 냉면, 아마씨 크래커
아침 그린 스무디 500ml	**아침** 레드 스무디 500ml	**아침** 옐로 스무디 500ml	**아침** 퍼플 스무디 500ml
점심 스파이시 토마토 샐러드, 단호박 수프	**점심** 참깨 소스 브로콜리 샐러드, 치아씨 푸딩	**점심** 콜슬로, 토마토 가스파초	**점심** 오리엔탈 케일 샐러드, 홍시 마 요구르트
간식 퍼플 주스 200~500ml	**간식** 옐로 주스 200~500ml	**간식** 레드 주스 200~500ml	**간식** 그린 주스 200~500ml
저녁 토마토 스파게티, 미트볼	**저녁** 깻잎 견과류 쌈밥, 초코 크런치	**저녁** 참치 맛 김밥, 과일 셔벗	**저녁** 양파빵 샌드위치, 가지 건조 칩

Index

ㄱ
간장 고추냉이 드레싱 122
건조 칩 삼총사 188
검은깨 콩국수 142
고구마 아몬드 국수 140
고구마 피칸 파이 176
골동면 136
골든 메달리스트 43
과일 셔벗 190
과일 크레이프 186
과카몰리 85
그래놀라 76
그리스풍 믹스 샐러드 92
그린 벨벳 스무디 41
그린 에너지 수프 62
그린 에너지 주스 41
그린 하모니 스무디 41
김 크래커 194
깐풍 미트볼 160
깻잎 견과 쌈밥 148

ㄴ, ㄷ
납작 피자 맛 빵 203
냉잡채 138
다시마 무밥 말이 154
단호박 수프 68
달콤 사과빵 202
담백 베이글 202

당근 김밥 56
당근 드레싱 양상추 샐러드 96
당근 사과 주스 45
당근 허니 드레싱 57
들깨 드레싱 122
들깨초 우엉 샐러드 108
딸기 샌드 쿠키 180
딸기잼 86
땅콩 드레싱 123

ㄹ
레드 펀치 스무디 43
레몬 사브레 182
레몬 드레싱 120
로맨틱 홍시 셰이크 45
루비 스무디 43
리코타치즈 샐러드 110

ㅁ
말린 과일 자몽 샐러드 98
말린 토마토 오일절임 165
매콤 검은깨 스틱 192
매콤 냉면 142
매콤 참기름 드레싱 122
미나리 포도 주스 47
미트볼 56
민트 수박 쿨러 43

ㅂ
바나나 호두 파운드케이크 203
바닐라 아이스크림 198
바이오 토닉 41
발사믹 드레싱 120
버섯 간장피클 164
버섯 크림 페투치네 130
버섯 크림수프 66
버섯불고기 샐러드 104
베리 드레싱 121
붉은 햇살 주스 43
복숭아 스무디 45
브라우니 170
브로콜리 키위 셰이크 41
블루베리 치즈케이크 174
비타민 버블 주스 45
비트 수프 68
BBQ 소스 수제 버거 158

ㅅ
사과 비트 샐러드 102
사과 시나몬 오트밀 72
사과 드레싱 121
사워크라우트 165
삼색 라자냐 132
삼색 미니 피자 162
새송이버섯 덮밥 144
수분 가득 주스 41

스파이시 메밀 샐러드 100
스파이시 하와이안 스무디 52
시금치 페스토 84
시나몬토스트 203
시저 샐러드 112
시트러스 퍼플 주스 47
쌈장 드레싱 숙주 샐러드 106
씨겨자 드레싱 120
씨앗 에너지 바 74

ㅇ
아마씨 크래커 190
아몬드 소스 그린 랩 180
아몬드 밀크 48
아몬드버터 85
아몬드치즈 86
아보카도 드레싱 123
애플파이 스무디 54
양파 드레싱 123
양파빵 샌드위치 82
옛날식 간장밥과 무생채 152
오렌지 당근 주스 45
오렌지 스콘 78
오리엔탈 케일 샐러드 94
오리엔탈 드레싱 120
오이 사과 가스파초 64
오이 쫄면 134
오이피클 164

옥수수 나초 196
올리브 스프레드 86
와일드 베리 주스 47
우엉밥과 느타리버섯 고추장무침 156

ㅊ
참깨소스 브로콜리 샐러드 144
참깨 페이스트 85
참치 맛 김밥 150
채소 오리엔탈 드레싱 57
채소펄프 칩 57
청키 라즈베리 스무디 54
청포도 펀치 41
초고추장 드레싱 122
초코볼 198
초코 치아씨 푸딩 70
초코 크런치 184
초콜릿 무스 케이크 172
촉촉 당근 머핀 57

ㅋ, ㅌ, ㅍ
카레 볶음밥 146
카레드레싱 123
캐슈너트 마요네즈 184
콘 샐러드 118
콜슬로 118
크리미 블루베리 스무디 47
키위 드레싱 121

토마토 가스파초 64
토마토 스파게티 128
토마토 드레싱 121
토마토 살사 소스 85
토마토케첩 84
토마토 파프리카 스무디 43
트로피컬 그린 스무디 41
트로피컬 탱고 스무디 45
팽이버섯 샐러드 108
파인애플 셀러리 주스 45
퍼플 메들리 스무디 47
포도 가지 사워 47
포도 채소 스무디 47
프루트 볼 178
피나콜라다 45

ㅎ
핫핑크 주스 43
항산화 주스 43
현미 아침햇살 52
홍시 마 요구르트 50
홍시 잼 86
후무스 찹 샐러드 116
힐링 퍼플 스무디 47

리스컴이 펴낸 책들

• 요리

대한민국 대표 요리책
한복선의 엄마의 밥상

최고의 요리전문가 한복선 선생님이 알려주는 엄마 손맛의 비결. 별미반찬, 국·찌개·전골, 한 그릇 한 끼, 우리 집 별식, 김치·장아찌·피클 등 일상요리가 다 들어 있다. 반찬 만들기 기본 테크닉 등도 자세히 소개되어 있다.

한복선 지음 | 280쪽 | 210×265mm | 13,000원

우리집에 꼭 필요한 생활요리 대백과
한복선의 우리 음식

신세대 주부들도 쉽게 따라 할 수 있는 한국 전통음식 교과서. 가정요리, 명절음식, 궁중음식, 향토음식, 건강요리, 김치·장아찌 등 기본에 충실하면서도 실용적인 요리가 가득 담겨 있다.

한복선 지음 | 304쪽 | 210×255mm | 15,000원

먹을수록 건강해지는 우리 음식
나물이 좋다

기본 나물부터 향토 나물까지 다양한 나물 레시피 78가지를 담았다. 생채와 겉절이, 살짝 데쳐 무치는 무침나물, 양념해 볶는 볶음나물, 나물로 만드는 별미요리 등이 있다. 사계절 제철 나물과 고르기, 손질 요령 등도 정리했다.

리스컴 편집부 | 136쪽 | 210×265mm | 9,800원

내 몸에 약이 되는 우리 음식
우리 몸엔 죽이 좋다

맛있고 몸에 좋은 건강죽을 담은 책. 우리 음식의 대가 한복선 요리연구가가 오랜 노하우를 담아 전통 죽은 물론, 현대인에게 필요한 영양죽, 약재를 넣어 건강을 되찾아주는 약죽 등을 소개한다.

한복선 지음 | 152쪽 | 210×265mm | 12,000원

우리 식탁엔 우리 음식
일주일 밑반찬 사계절 장아찌

주부들의 반찬 고민을 덜어주는 밑반찬 요리책. 장조림, 마른반찬, 깻잎장아찌 등 대표 밑반찬과 슬로푸드 장아찌, 새콤달콤한 피클, 입맛 살리는 젓갈 75가지가 담겨 있다. 만들기 쉽고, 전통의 맛을 살린 레시피가 가득하다.

최승주 지음 | 144쪽 | 210×265mm | 9,800원

바쁜 직장인에게 꼭 맞춘 일주일 식단
매일매일 맛있는 집밥

일 년 동안 먹을 수 있는 370여 가지 요리가 담겨 있다. 월별로 파트를 나누어 봄·여름·가을·겨울에 어울리는 제철 식품으로 만든 다양한 요리를 소개한다. 요일별로 아침, 저녁 식단이 있어 반찬 걱정 없이 고른 영양 섭취를 할 수 있다.

손성희 지음 | 288쪽 | 210×265mm | 14,000원

촉촉하고 부드럽게, 건강하고 실속 있게
프렌치토스트 & 핫 샌드위치

한 끼 식사로, 간식으로 좋은 프렌치토스트와 핫 샌드위치 64가지를 소개한다. 정통 레시피부터 색다른 맛, 든든한 한 끼, 시판 음식을 이용한 레시피까지 간단하고 맛있는 메뉴가 가득하다. 토핑과 속재료가 한눈에 들어와 누구나 쉽게 만들 수 있다.

미나구치 나호코 지음 | 112쪽 | 180×230mm | 11,200원

간편한 도시락은 다 모였다!
김밥·주먹밥·샌드위치

만들기 쉽고, 먹기 편한 도시락 메뉴 78가지를 소개한 책. 별미 김밥에서부터 주먹밥, 초밥, 샌드위치, 캘리포니아 롤 등이 모두 들어 있다. 밥 짓기, 양념하기, 김밥 말기, 배합초 버무리기 등 기초 테크닉도 꼼꼼하게 알려준다.

최승주 지음 | 136쪽 | 180×230mm | 10,000원

가볍게 만들어 분위기 있게 즐기자
오늘은 샌드위치

초보자들도 쉽게 만들 수 있는 메뉴부터 전문점 못지않은 럭셔리한 종류까지 66가지의 다양한 샌드위치를 소개한 책. 바쁜 아침 간단 메뉴로, 다이어트 식단으로, 온 가족 피크닉 도시락으로, 아이들 영양 간식으로 샌드위치를 만들어보자.

안영숙 지음 | 128쪽 | 180×230mm | 10,000원

매일매일 가볍고 산뜻하게
에브리데이 샐러드

한 끼 식사로 손색없는 샐러드를 더욱 알차게 즐길 수 있는 방법을 소개한 책. 야채과일샐러드, 곡물 샐러드, 해산물 샐러드, 육류 샐러드 등으로 구성해 맛과 영양을 업그레이드시켰다. 샐러드별로 다양한 드레싱 만들기 방법을 배울 수 있다.

박선영 지음 | 28쪽 | 180×230mm | 10,000원

빠르고 간단하게, 영양 많고 맛있게
에브리데이 달걀
쉽고 맛있고 다양한 달걀 레시피를 알려주는 책. 바쁜 아침, 간단한 식사로 준비하기에 달걀만큼 좋은 재료가 없다. 영양 성분이 풍부한데도 칼로리는 높지 않아 다이어트에도 좋다. 이제 더 이상 달걀프라이, 달걀말이만 먹지 말고 매일매일 색다르게 즐겨보자.

손성희 지음 | 136쪽 | 190×245mm | 10,000원

인기 디저트 카페의 스위트 레시피
달콤한 나의 디저트
분위기 좋은 카페와 맛있는 디저트를 소개하는 책. 디저트 카페의 주소, 찾아가는 방법, 영업시간, 메뉴에 대한 정보와 인기 디저트의 레시피를 공개해서 카페를 제대로 즐길 수 있도록 도와준다.

이미리 지음 | 184쪽 | 170×230mm | 12,000원

바쁜 사람도, 초보자도 누구나 쉽게 만든다
무반죽 원 볼 베이킹
누구나 쉽게 맛있고 건강한 빵을 만들 수 있도록 돕는 책. 61가지 무반죽 레시피와 전문가의 Plus Tip을 담았다. 이제 힘든 반죽 과정 없이 볼과 주걱만 있어도 집에서 간편하게 빵을 구울 수 있다. 초보자에게도, 바쁜 사람에게도 안성맞춤이다.

고상진 지음 | 200쪽 | 188×245mm | 14,000원

천연 효모가 살아있는 건강 빵
천연발효빵
맛있고 몸에 좋은 천연발효빵을 소개한 책. 단순한 홈베이킹의 수준을 넘어 건강한 빵을 찾는 웰빙족을 위해 과일, 채소, 곡물 등으로 만드는 천연 발효종 20가지와 천연 발효종으로 굽는 건강빵 레시피 62가지를 담았다.

고상진 지음 | 200쪽 | 210×275mm | 13,000원

미니오븐으로 시작하는
쿠키·빵·케이크
초보자를 위한 미니오븐 베이킹 레시피 50가지. 바삭한 쿠키와 담백한 스콘, 다양한 머핀과 파운드케이크, 폼 나는 케이크와 타르트, 누구나 좋아하는 인기 빵까지 모두 담겨 있다. 베이킹을 처음 시작하는 사람에게 안성맞춤이다.

고상진 지음 | 144쪽 | 210×256mm | 12,000원

달콤한 나의 첫 베이킹 북
쁘띠 쿠키
플레인 쿠키, 초코 쿠키, 팬시 쿠키, 과일 쿠키, 매운 쿠키, 견과 쿠키 등 달콤한 쿠키 레시피 50개가 들어 있다. 베이킹을 처음 하는 초보자도 쉽게 따라할 수 있는 간단한 레시피로 구성되어 있으며, 응용할 수 있는 팁도 함께 넣었다.

스테이시 아디만도 지음 | 120쪽 | 170×220mm | 12,000원

건강하고 예뻐지는 증상별 맞춤 주스
생생 비타민 주스
152가지 내 몸을 살리는 건강주스, 여성을 위한 미용 주스, 남편을 위한 활력충전 주스, 아이를 위한 영양 만점 주스 등으로 나눠 소개한다. 스트레스와 만성피로부터 피부미용, 다이어트, 성인병, 두뇌발달 등 건강 체질로 만들어주는 생주스 레시피가 담겨 있다.

김경미 지음 | 이승남 감수 | 152쪽 | 190×245mm | 9,800원

맛있고 몸에 좋은 카페 스타일 드링크
홈메이드 천연 음료
온 가족의 입맛을 사로잡을 최고의 홈메이드 음료 레시피를 담았다. 첨가물 걱정 없는 진짜 100% 과일 채소 주스와 과일이 듬뿍 들어간 스무디, 패밀리레스토랑보다 맛있는 에이드 등 107가지 음료를 만날 수 있다.

이지은 지음 | 136쪽 | 190×245mm | 9,800원

영양사 엄마와 소아과 원장이 함께 차리는 영양 밥상
우리 아이에게 꼭 먹이고 싶은 유아식
영양사 출신의 엄마와 소아과 원장이 함께 소중한 우리 아이를 위한 영양 만점 유아식을 완성했다. 아이의 건강을 위해 꼭 필요한 반찬부터 생일상 차리기까지 완벽한 유아식 레시피 120가지를 골고루 담았다.

박효선·서정호 지음 | 256쪽 | 190×230mm | 13,000원

똑똑한 엄마의 선택
닥터맘 이유식
생후 4개월부터 36개월까지 단계별로 꼭 필요한 영양을 담은 건강 이유식 레시피. 미음부터 죽, 진밥, 덮밥, 국수, 샐러드, 국, 반찬 등 다양한 이유식과 유아식을 담았다. 차근히 따라 하면 건강하고 튼튼하게 키울 수 있다.

닥터맘 지음 | 216쪽 | 190×230mm | 13,000원

리스컴이 펴낸 책들

• 여행 | 에세이

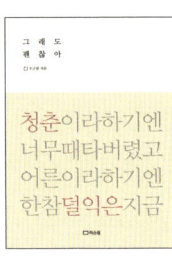

우근철 위로 에세이
그래도 괜찮아

100여 장의 사진과 70여 개의 이야기로 험난한 시대를 사는 청춘들에게 따뜻한 공감을 선물하는 사진 에세이. 초청 개인전을 열 정도로 뛰어난 사진 실력을 갖춘 작가의 사진과 페이스북에서 수많은 사람들의 사랑을 받은 글이 이 책의 가치를 더욱 높여준다.

우근철 지음 | 200쪽 | 138×190mm | 13,000원

제주에서 만난 길, 바다, 그리고 나
나 홀로 제주

혼자 떠난 제주에서 만난 관광지, 맛집, 카페, 숙소 등을 소개한 책. 제주를 북서부, 북동부, 남동부, 남서부 네 개 지역으로 나눠 자세히 소개하고, 혼자 여행을 떠난 사람들이 알아두면 좋을 팁과 플리마켓, 오일장 등의 정보도 담았다.

장은정 지음 | 296쪽 | 138×188mm | 13,000원

아일랜드에 바람이 불었다
내 마음에 파도가 일었다

서유럽의 작은 나라 아일랜드를 소개한 여행 에세이. 4명의 노벨문학상 수상자를 배출하고 록스타 U2, 영화 〈원스〉를 탄생시킨 예술의 나라, 흑맥주 기네스, 제임슨 위스키를 만드는 낭만의 나라 아일랜드 곳곳을 천천히 돌아본다.

심은희 지음 | 304쪽 | 150×215mm | 13,000원

슬로푸드, 행복한 음식을 찾아서
슬로푸드를 찾아 떠난 유럽 미식기행

명품가방 대신 25년산 발사믹 식초를 챙기는 저자 노민영이 오감으로 체험한 유럽 음식문화 여행기. 다채로운 음식문화를 자랑하는 유럽에서 저자는 시골 할머니의 손맛부터 스타 셰프의 솜씨를 맛보고 느낀 특별한 이야기를 풀어냈다.

노민영 지음 | 296쪽 | 148×210mm | 13,500원

지브리에서 슬램덩크까지, 애니메이션으로 만나는 또 다른 일본
낭만 레트로 일본 애니여행

애니메이션에 등장하는 장소와 만화가들의 흔적을 찾아보는 신개념 테마 여행. 남녀노소 누구나 좋아하는 일본의 애니메이션 포인트 11곳을 담았다. 여행지 정보와 주변 관광지도 함께 소개해 처음 방문하는 사람이라도 즐겁게 떠날 수 있다.

윤정수 지음 | 208쪽 | 138×190mm | 12,000원

• 인테리어 | DIY

수납부터 가구배치까지… 인테리어 아이디어 50
좁은 집 넓게 쓰는 정리의 기술

좁은 집, 좁은 방을 좀 더 넓게 쓰고 싶은 사람을 위한 인테리어 책. 인테리어 전문가인 저자가 실제 사례를 바탕으로 집 안을 넓고 예쁘게 바꾸는 방법 50가지를 제안한다. 정리정돈부터 가구배치, 소품배열 등 인테리어 테크닉이 가득 담겨 있다.

카와카미 유키 지음 | 136쪽 | 170×220mm | 12,000원

가구, 소품, 패브릭으로 예쁘고 편리하게
이케아 스타일 인테리어

심플하고 실용적인 디자인의 이케아 가구, 소품, 패브릭으로 집 안을 개성 있고 살기 편하게 꾸민 집들을 소개한다. 예쁘고 정돈된 집, 소품으로 포인트를 준 집, 패브릭으로 개성을 살린 집, 꿈이 가득한 아이 방 등 아이디어들이 가득하다.

안미현 옮김 | 128쪽 | 210×275mm | 12,000원

작은 공간을 두 배로 늘려주는
정리와 수납 아이디어 343

'숨은 공간'을 활용하여 정리와 수납을 완성하도록 도와주는 책. 이 책에는 수납 전문가들의 노하우가 한가득 담겨있다. 기발한 아이디어를 사진으로 만나볼 수 있다. 다양한 사례를 접하다 보면 깔끔하게 정리하는 기술이 점점 눈에 들어올 것이다.

오렌지페이지 지음 | 128쪽 | 210×275mm | 10,000원

쉬운 재단, 멋진 스타일
내추럴 스타일 원피스

직접 만들어 예쁘게 입는 27가지 스타일 원피스. 모든 원피스마다 단계별, 부위별로 자세한 과정을 일러스트로 설명해준다. S, M, L 사이즈로 나뉜 실물 크기 패턴도 함께 수록되어 있어 재봉틀을 처음 배우는 초보자라도 뚝딱 만들 수 있다.

부티크 지음 | 112쪽 | 210×256mm | 10,000원

트러블·잡티·잔주름 없는 명품 피부의 비결
홈메이드 천연화장품 만들기

피부를 건강하고 아름답게 만들어주는 홈메이드 천연화장품 레시피 북. 클렌저, 로션, 세럼, 팩, 보디 케어 제품, 비누, 목욕용품 등 고급스럽고 내추럴한 천연화장품 35가지가 담겨 있다. 단계별 사진과 함께 자세히 설명되어 있어 누구나 쉽게 만들 수 있다.

카렌 길버트 지음 | 152쪽 | 190×245mm | 13,000원

• 건강

아침 5분, 저녁 10분
스트레칭이면 충분하다
몸은 튼튼하게 몸매는 탄력있게 가꿀 수 있는 스트레칭 동작을 담은 책. 아침 5분, 저녁 10분이라도 꾸준히 스트레칭하면 하루하루가 몰라보게 달라질 것이다. 아침저녁 동작은 5분을 기본으로 구성, 좀 더 체계적인 스트레칭 동작을 위해 10분, 20분 과정도 소개했다.

박서희 지음 | 88쪽 | 215×290mm | 8,000원

초보 여성을 위한 초간단 골프 레슨
골프 for 레이디
골프채 잡는 법부터 필드 데뷔까지 자세하게 알려주는 골프 교과서. 일상 동작을 응용해 쉽게 배우는 스윙 동작, 기본 준비 자세 익히기, 단계별 스윙법 등 골프를 처음 시작하는 사람이라도 금세 이해하고 배울 수 있도록 구성했다.

요시무라 후미에 지음 | 132쪽 | 210×275mm | 12,000원

걷는 만큼 빠진다
워킹다이어트
슈퍼모델이자 퍼스널 트레이너인 김사라가 제안하는 걷기 다이어트 프로그램. 준비부터 기본자세, 운동 전후의 관리 등 걷기 다이어트의 모든 것을 알려준다. 전국의 걷기 좋은 곳도 소개되어 있다.

김사라 지음 | 136쪽 | 182×235mm | 12,000원

젊음과 건강을 유지하는 방법
착한 비타민 똑똑한 미네랄
대부분의 현대인이 비타민·미네랄 결핍을 겪고 있다. 다들 한두 가지 영양제는 먹고 있지만 '대충' 먹는다. 같은 성분이라도 성별과 연령, 증상에 따라 먹어야 효과를 볼 수 있다. 이승남 박사가 제시한 맞춤처방전으로 젊음과 건강을 유지하는 방법을 배워보자.

이승남 지음 | 184쪽 | 152×255mm | 10,000원

아기는 건강하게, 엄마는 날씬하게
소피아의 임산부 요가
임산부의 건강과 몸매 유지를 위해 슈퍼모델이자 요가 트레이너인 박서희가 제안하는 맞춤 요가 프로그램. 임신 개월 수에 맞춰 필요한 동작을 사진과 함께 자세히 소개하고, 통증을 완화하는 요가, 남편과 함께 하는 커플 요가, 회복을 돕는 산후 요가 등도 담았다.

박서희 지음 | 176쪽 | 170×220mm | 12,000원

• 육아

산부인과 의사가 들려주는 임신 출산 육아의 모든 것
똑똑하고 건강한 첫 임신 출산 육아
임신 전 계획부터 산후조리까지 현대를 살아가는 임신부를 위한 똑똑한 임신 출산 육아 교과서. 20년 산부인과 전문의가 인터넷 상담, 방송 출연 등을 통해 알게 된, 임신부들이 가장 궁금해하는 것과 꼭 알아야 할 것들을 알려준다.

김건오 지음 | 352쪽 | 190×250mm | 17,000원

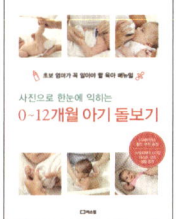

언제 어디서나 갖고 다니며 펼쳐보는
임신 출산 핸디북
가방 속에 갖고 다니면서 볼 수 있는 작은 크기의 임신 가이드북. 임신 준비부터 출산 직후까지 8개 챕터로 나누어 임신부가 알아야 할 기본 상식을 차근차근 알려준다.

사라 조던·데이비드 우프버그 지음 | 서예진 옮김 | 240쪽 | 140×185mm | 12,000원

초보 엄마가 꼭 알아야 할 육아 매뉴얼
사진으로 한눈에 익히는 0~12개월 아기 돌보기
초보 엄마 아빠에게 꼭 필요한 육아 가이드북. 출생 후 12개월까지 안아주기, 수유하기, 기저귀 갈기, 달래기, 목욕시키기 등 아이 돌보기의 모든 것이 풍부한 사진과 함께 상세히 설명되어 있어 쉽게 따라 할 수 있다.

프랜시스 윌리엄스 지음 | 112쪽 | 190×260mm | 10,000원

똑똑하고 감성적인 아이로 키우는
0~6세 아기와 책 읽기
태아 때부터 영유아기까지 아이의 나이와 상황에 맞는 책 읽기와 이야기 만들기, 아이와 교감하며 책 읽는 기술 등을 알려준다. 독서지도 전문가가 추천하는 책들은 물론, 내 아이를 주인공으로 하는 맞춤 이야기들도 소개되어 있다.

앨리슨 데이비스 지음 | 112쪽 | 190×260mm | 10,000원

엄마와 아기가 함께 하는 사랑의 스킨십
튼튼~ 쑥쑥~ 아기 마사지
전문가에게 직접 마사지를 받지 않아도 집에서 엄마의 손길로 해줄 수 있는 마사지 방법이 모두 소개되어 있다. 아기 몸의 특징, 베이비 마사지의 효과와 방법, 소화불량·식욕부진·변비 해소 등 아기의 다양한 증상별 마사지법이 담겨 있다.

야마다 미츠토시 지음 | 136쪽 | 140×185mm | 9,800원

유익한 정보와 다양한 이벤트가 있는
리스컴 블로그로 놀러 오세요!

홈페이지 www.leescom.com
맛있는 책 카페 cafe.naver.com/leescom
리스컴 블로그 blog.naver.com/leescomm

로푸드 다이어트 레시피 103

로푸드 디톡스

지은이 | 이지연

사진 | 김영기
스타일링 | 강지수(레몬밤키친)
스타일링 어시스트 | 한수정 김진원 최하영
요리 어시스트 | 이미복
그릇협찬 | 세라믹플로우 www.ceramicflow.com

편집 | 김연주 조유진 최현영
디자인 | 김지혜 양혜민
마케팅 | 황기철 장기용 이진목
경영관리 | 박태은

출력·인쇄 | HEP

초판 1쇄 | 2014년 9월 22일
초판 5쇄 | 2017년 2월 13일

펴낸이 | 이진희
펴낸 곳 | 리스컴

주소 | 서울시 서초구 강남대로79길 2(은도빌딩), 4층
전화번호 | **대표번호** 02-540-5192
　　　　　　영업부 02-544-5934, 5944
　　　　　　편집부 02-544-5922, 5933 / 540-5193

FAX | 02-540-5194
등록번호 | 제 2-3348
홈페이지 | www.leescom.com
블로그 | blog.naver.com/leescomm

이 책은 저작권의 보호를 받는 출판물입니다.
이 책에 실린 사진과 글의 무단 전재와 무단 복제를 금합니다.
잘못된 책은 바꾸어 드립니다.

ISBN 979-11-5616-021-2 13590
책값은 뒤표지에 있습니다.